Inhaltsverzeichnis

Vorwort

„Können wir heute spielen?“ Diese Frage hörte ich schon einige Jahre lang dann und wann von meinen Schüler*innen im Mathematikunterricht. Als ich herausfand, dass sie meinten, wir sollten eine Matheaufgabe mit Bewegung verbinden, war ich glücklich. Dies stellt nämlich eine gute Ausgangslage für das Lernen dar, weil die Schüler*innen das Unterrichten mit Spielen gleichsetzen. Mathematik soll so viel Spaß wie möglich machen, und das kann Ihnen diese Mathe-Spielekartei bieten.

Der Zweck dieser Kartei ist, es Mathematiklehrkräften, aber auch Lehrkräften von Vorschulklassen und Schulpädagog*innen zu ermöglichen, ihren Unterricht mit Bewegungseinheiten zu verbinden. Der Fokus liegt hierbei auf dem Spiel und der Bewegung. Der traditionelle Mathematikunterricht kann die Tendenz dazu haben, primär visuell und auditiv zu sein, und die Lehrformen, die diesem Heft zugrunde liegen, sind in hohem Maße **haptisch und kinästhetisch** ausgerichtet. Auf diese Weise trägt das Heft dazu bei, dass im täglichen Unterricht mehr Lernformen zum Tragen kommen.
Die Aktivitäten eignen sich insbesondere **für alle Jahrgangsstufen von der 1. Klasse bis zur 4. Klasse,** aber auch für den **sonderpädagogischen Unterricht. Die Aufgaben sind zwei- oder dreifach differenziert.** Diese Differenzierung basiert entweder auf einer ansteigenden mathematischen Anforderung oder einer Variation der Arbeitsmethoden der Schüler*innen. Die Klasse führt eine Aktivität gleichzeitig aus, sodass Sie als Lehrkraft die Lernprozesse Ihrer einzelnen Schüler*innen oder Schülergruppen beobachten können. Bei allen Aktivitäten arbeiten die Kinder entweder paarweise oder in kleinen Gruppen zusammen. Durch den Dialog und die Verwendung konkreter Materialien und Bewegungen wird der Zusammenhalt über das Spiel und den Lernprozess gefördert. Ein Wettbewerbsmoment wird als Anreiz zur Motivation in einige Aktivitäten einbezogen. Die meisten Angebote in dieser Kartei erfordern ein Minimum an Vorbereitung. Diese wird auf den mit einem „V“ gekennzeichneten Karten beschrieben.

Die Aktivitäten können folgendermaßen eingesetzt werden:
- als Einstieg in ein neues Thema,
- als Pause in einer einzelnen Stunde, entweder als Wiederholungsmöglichkeit oder als neuer Blickwinkel auf das aktuelle Thema,
- als Abschluss eines Themas,
- als Unterstützung zur Förderung von fachlichen und sozialen Kompetenzen,
- als Spiel, in dem der fachliche Inhalt für Schüler*innen nicht an erster Stelle steht,
- als Absicherung, dass jede Art von Lerntyp (visuell, auditiv, haptisch, kinästhetisch) berücksichtig wird,
- als Inspiration für Sie selbst, um weitere Aktivitäten oder Varianten zu den im Buch vorhandenen Aktivitäten zu entwickeln.

Ich bin ausgebildeter Pädagoge und Lehrer und habe in den fast 20 Jahren, in denen ich mit Kindern der Vorschule bis zur 4. Klasse gearbeitet habe, immer zielgerichtet gearbeitet, gemäß der Methode „Lernen und Bewegung“. Diese langjährigen Gedanken und Erfahrungen bilden den Hintergrund dieses Heftes.

Viel Spaß wünscht Ihnen und Ihrer Klasse

Simon Møller

Liebe Lehrkraft,
wir möchten in unseren Materialien niemanden benachteiligen oder diskriminieren. Daher nutzen wir unter anderem das Gendersternchen, um alle Geschlechter anzusprechen. In Texten für Schüler*innen verzichten wir jedoch aus Gründen der besseren Lesbarkeit darauf und nutzen weiterhin entweder die „neutrale“ Form oder Doppelformen. Selbstverständlich sind stets alle Geschlechter gemeint.

Vorbemerkungen

- Oben hinter dem Namen der Aktivität sehen Sie, welcher mathematische Bereich dem Spiel zugrunde liegt. Die Zahlen rechts geben die Differenzierung an (1 = leicht, 2 = mittel, 3 = schwierig).
- Die Symbole unten rechts im Layout haben folgende Bedeutung:

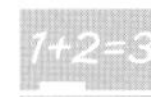

: Die Aktivität findet drinnen statt.

: Die Aktivität findet außerhalb des Klassenraums statt.

- **Tipp:** Drucken Sie die Angebote auf farbigem Papier aus und laminieren Sie diese, das macht sie haltbarer. Die Farben können den Ort der Aktivität anzeigen oder die Differenzierungsstufe.
- Online unter *www.buchverlagkempen.de* finden Sie Vorlagen für die das Zahlenfeld von 0 bis 99, die Anleitungen für den Drachen (S. 18) und den Papierflieger (S. 26), Vorlagen für die Gestaltung der Landschaft von Seite 34, Strichmännchen (S. 42) sowie eine 1 • 1-Tabelle und ein Schmuckblatt. Diese können Sie kostenlos herunterladen. Rufen Sie dafür die Seite des Artikels auf („MA24“ in die Suchmaske eingeben) und klicken Sie oberhalb der Artikelbeschreibung auf „Zusatzmaterialien“.
- **Tipp:** Sie können die vorbereiteten Zahlenkarten verwenden oder aber die Karten aus einem Kartenspiel nutzen. Hierbei eignen sich die Spiele UNO® oder Elfer raus!®, bei einem Kartenspiel mit 52 Karten gilt das Ass als 1.

Digitale Ziffern

Vorbereitung:

Die Klasse wird in 9 Gruppen aufgeteilt. Jede Gruppe erhält etwa 20 Steckwürfel oder andere Bausteine zum Zusammenstecken.
Jeder Gruppe wird eine Ziffer von 1 bis 9 zugeordnet, die aus den Steckwürfeln gebaut werden soll.

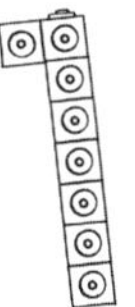

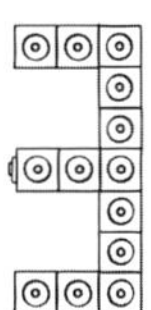

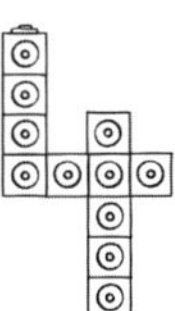

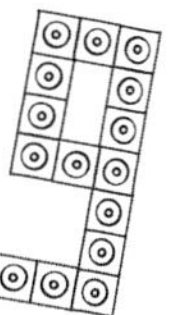

1+2=3

Digitale Ziffern

1

Die Lehrkraft weist den Schülern eine Ziffer zu. Diese wird mit den Bausteinen digital nachgebaut. Die Ziffer soll möglichst so gebaut werden, wie man sie auch schreiben würde.
Nach 10 bis 15 Minuten werden die digitalen Ziffern der anderen Gruppen in einem Museumsrundgang betrachtet.

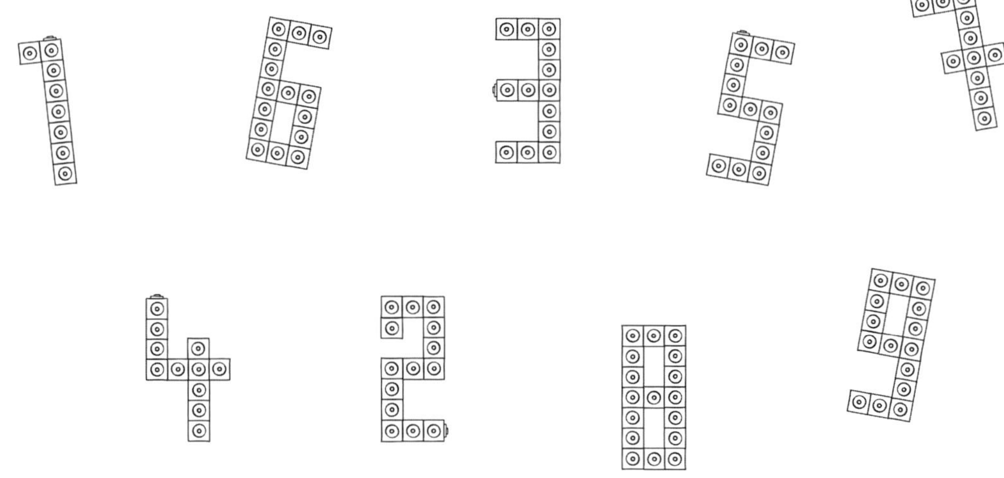

Digitale Ziffern

2

Alle Schüler erhalten ein Blatt Papier, auf dem steht, aus wie vielen Steckwürfeln sie eine Ziffer bauen sollen. Um die Ziffer 1 zu bauen, soll der Schüler 5 Steckwürfel verwenden, für die Ziffern 2, 3 und 5 je 11 Würfel. Für die Ziffer 4 braucht er 9 Würfel und für die Ziffern 6 und 9 je 10 Würfel. Die Ziffer 7 wird aus 7 und die Ziffer 8 aus 13 Steckwürfeln gebaut.
Alle Schüler versuchen, so viele Ziffern wie möglich zu bauen, bis sie wieder herumgehen und die Zahlen der anderen betrachten.
Zuletzt bauen die Schüler alle die „richtigen" Ziffern (Ziffern, die alle 5 Steckwürfel hoch sind) und zeichnen sie auf ein kariertes Blatt. Dabei darf man einander gerne helfen.

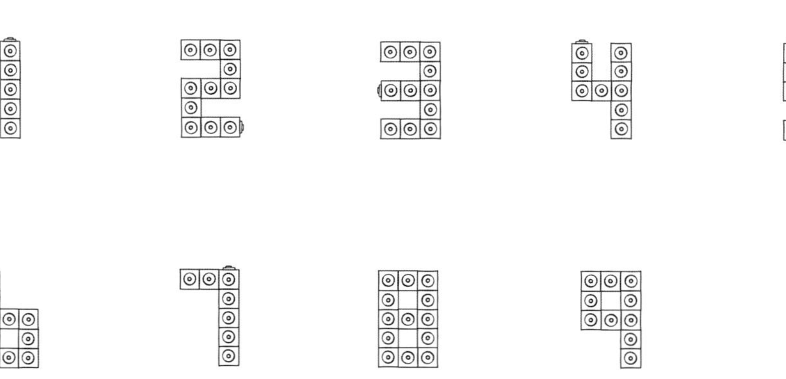

Digitale Ziffern

3

Die Schüler schreiben eine Uhrzeit mit digitalen Zahlen aus Steckwürfeln und versuchen, die Uhrzeit der anderen zu lesen. Eventuell kann ein Schüler auch schätzen, was der andere gerade für eine Uhrzeit schreiben möchte.
Anschließend zeichnen die Schüler eine Aktivität, die man zu einer bestimmten Uhrzeit ausführt, und die anderen sollen die Uhrzeit schätzen und mit Steckwürfeln nachbauen.
Der Unterschied zwischen Schätzung und richtiger Zeit soll dann ermittelt werden.

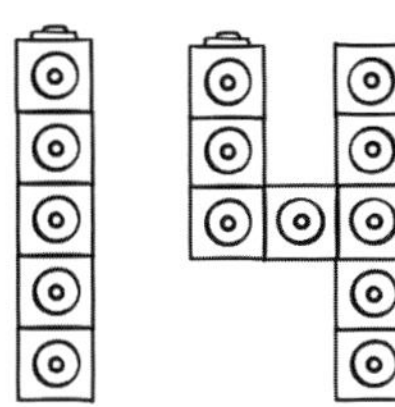

1+2=3

Zahlenfeld

Vorbereitung:

Die Lehrkraft bereitet ein Zahlenfeld für jeden Schüler vor mit Feldern für die Zahlen 0 bis 99, von denen etwa die Hälfte der Zahlen im Vorfeld eingetragen ist. Die Zahlen sollen in 10er-Reihen angeordnet sein.

0	1		3	4		6	7		
		12		14	15		17		19
20	21	22		24			27	28	
	31		33	34	35			38	39
40	41	42			45		47		49
		52	53		55	56		58	
60	61		63	64	65		67		69
70		72	73		75	76		78	
	81		83			86	87	88	
90		92		94		96	97		99

1+2=3

BVK • Simon Müller: Mathe aktiv erleben – Band 2 • Seite 5

Zahlenfeld

1

Alle Schüler erhalten ein Zahlenfeld und ein DIN-A4-Blatt und schreiben so viele der fehlenden Zahlen, wie sie können, bis die Lehrkraft „Wechsel“ ruft (nach etwa 20 Sekunden).
Danach tauschen die Schüler ihren Platz mit ihrem Nachbarn und schreiben sein Zahlenfeld weiter.
Die Schüler wechseln immer weiter, bis alle Felder komplett ausgefüllt sind.
Wenn ein Schüler mit dem Zahlenfeld fertig ist, soll er das leere DIN-A4-Blatt nehmen.
Darauf schreibt er die Zahlen in Gruppen, die nach Meinung des Schülers etwas gemeinsam haben, zum Beispiel die gleiche Anzahl Einer oder Zehner.

Die Schüler, die noch nicht mit dem Zahlenfeld fertig sind, rotieren weiter.

0	1		3	4		6	7		
		12		14	15		17		19
20	21	22		24			27	28	
	31		33	34	35			38	39
40	41	42			45		47		49
		52	53		55	56		58	
60	61		63	64	65		67		69
70		72	73		75	76		78	
	81		83			86	87	88	
90		92		94		96	97		99

1+2=3

Zahlenfeld

2

Alle Schüler erhalten ein Zahlenfeld und schreiben so viele der fehlenden Zahlen, wie sie können, bis die Lehrkraft „Wechsel“ ruft (nach etwa 20 Sekunden).
Danach tauschen die Schüler im Uhrzeigersinn ihren Platz mit ihrem Nachbarn und schreiben sein Zahlenfeld weiter.
Die Schüler wechseln immer weiter, bis alle Felder komplett ausgefüllt sind.
Wenn ein Schüler mit dem Zahlenfeld fertig ist, soll er auf dem Platz sitzen bleiben und Zahlen einer selbst gewählten 1 • 1-Reihe im Zahlenfeld einfärben.

Die Schüler, die noch nicht mit dem Zahlenfeld fertig sind, rotieren weiter.

0	1		3	4		6	7		
		12		14	15		17		19
20	21	22		24			27	28	
	31		33	34	35			38	39
40	41	42			45		47		49
		52	53		55	56		58	
60	61		63	64	65		67		69
70		72	73		75	76		78	
	81		83			86	87	88	
90		92		94		96	97		99

1+2=3

Zahlenfeld

3

Alle Schüler erhalten ein Zahlenfeld und schreiben so viele der fehlenden Zahlen, wie sie können, bis die Lehrkraft „Wechsel“ ruft (nach etwa 20 Sekunden).
Danach tauschen die Schüler im Uhrzeigersinn ihren Platz mit ihrem Nachbarn und schreiben sein Zahlenfeld weiter.
Die Schüler wechseln immer weiter, bis alle Felder komplett ausgefüllt sind.
Wenn ein Schüler mit seinem Zahlenfeld fertig ist, soll er eine selbst gewählte 1 • 1-Reihe im Feld farbig tupfen. Wenn diese 1 • 1-Reihe fertig ist, wählt der Schüler eine neue Reihe.
Zuletzt werden viele der Zahlen mehrere unterschiedliche Farbtupfer aufweisen, da sie in mehrere 1 • 1-Reihen passen.
Bis die Schüler so weit sind, können sie eventuell schätzen, welche Zahl die meisten Tupfer aufweisen wird.
Die Schüler, die noch nicht mit dem Zahlenfeld fertig sind, rotieren weiter.

0	1		3	4		6	7		
		12		14	15		17		19
20	21	22		24			27	28	
	31		33	34	35			38	39
40	41	42			45		47		49
		52	53		55	56		58	
60	61		63	64	65		67		69
70		72	73		75	76		78	
	81		83			86	87	88	
90		92		94		96	97		99

1+2=3

Zahlenfolgen am Maßband

Vorbereitung:

30 Maßbänder von 100 bis 200 Zentimetern werden in 10 bis 25 Stücke zerschnitten und in einen Umschlag pro Maßband gesteckt.

Tipp:
In Möbelmärkten bekommt man gratis Papiermaßbänder.

Auf den Umschlag notiert die Lehrkraft den Schwierigkeitsgrad des Inhalts, zum Beispiel anhand eines Symbols, der Anzahl der Stücke im Umschlag oder einer Zahl. Die Schüler können so eventuell selbst wählen, welchen Schwierigkeitsgrad sie nehmen möchten.
Die Schüler arbeiten in Paaren.

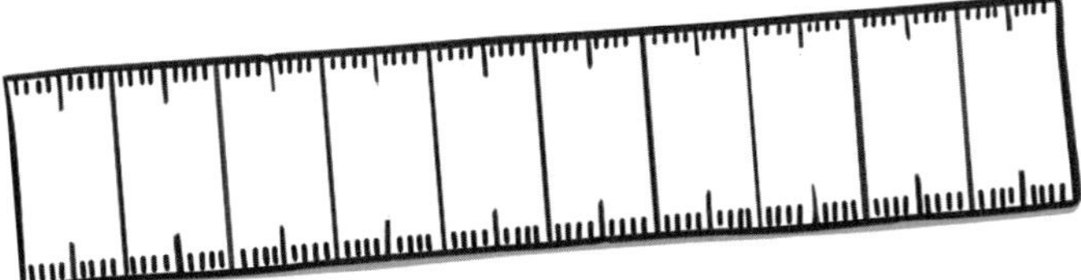

1+2=3

BVK • Simon Meier: Mathe aktiv erleben – Band 2 • Seite 7

Zahlenfolgen am Maßband

123

1

Jedes Paar nimmt einen Umschlag, und ein Schüler setzt die Maßbandstücke von der **kleinsten zur größten** Zahl zusammen.
Wenn beide Schüler sich einig sind, dass das Maßband richtig zusammengesetzt ist, legen sie die Stücke zurück in den Umschlag. Dann suchen sie einen neuen Umschlag und tauschen die Rollen.

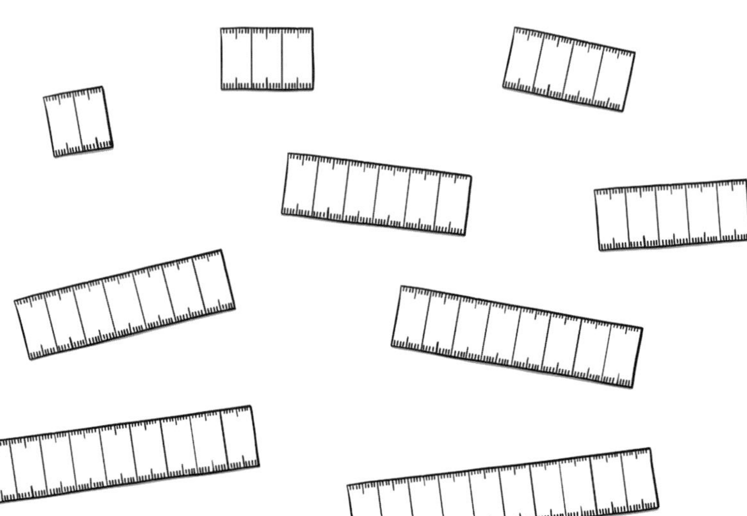

1+2=3

Zahlenfolgen am Maßband

123

2

Jedes Paar nimmt einen Umschlag, und ein Schüler setzt die Maßbandstücke von der **größten zur kleinsten** Zahl zusammen.
Wenn beide Schüler sich einig sind, dass das Maßband richtig zusammengesetzt ist, legen sie die Stücke zurück in den Umschlag. Dann suchen sie einen neuen Umschlag und tauschen die Rollen.

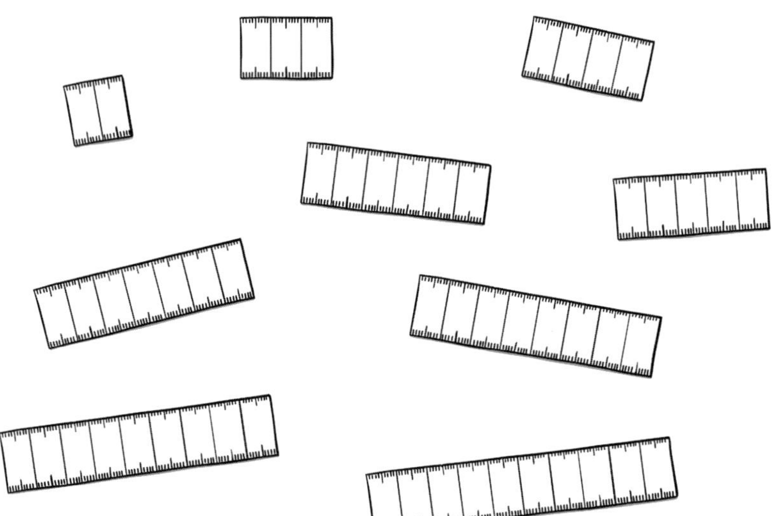

1+2=3

BVK • Simon Møller: Mathe aktiv erleben – Band 2 • Seite 8

Zahlenfolgen am Maßband

3

Jedes Paar nimmt einen Umschlag. Ein Schüler nimmt 3 oder 4 Stücke aus dem Umschlag, der andere setzt die Maßbandstücke von der **kleinsten zur größten** Zahl zusammen. Wenn der Schüler die Stücke in eine Reihenfolge gelegt hat, soll er die Zahlen der fehlenden Stücke laut sagen.
Wenn beide Schüler sich einig sind, dass das Maßband richtig zusammengesetzt ist, und der erste Schüler die fehlenden Zahlen richtig genannt hat, legen sie die Stücke zurück in den Umschlag. Dann suchen sie einen neuen Umschlag und tauschen die Rollen.

Hier fehlen die Zahlen ...

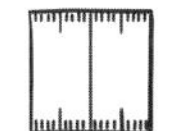   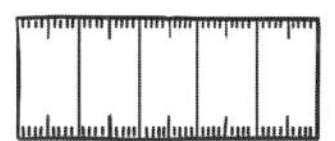

1+2=3

Zahlenfolgen hüpfen

V

Vorbereitung:

Die Schüler arbeiten in (ebenbürtigen) Paaren zusammen. Jedes Paar schreibt mit Kreide eine Zahlenfolge aus 10 selbst gewählten Zahlen auf den Schulhof.
Es soll etwa ein Schritt Abstand zwischen den Zahlen sein.

Stufe 1:
- 1, 2, … 10
- 10, 20, … 100
- 11, 12, … 20
- 10, 9, … 1

Stufe 2:
- 20, 19, … 11
- 100, 90, … 10
- 80, 79, … 71

Stufe 3:
- das Einmaleins

Zahlenfolgen hüpfen

1 – 3

Die Schüler hüpfen der Reihe nach mit beiden Beinen die Zahlen entlang, während sie gleichzeitig die Zahlen laut sagen.

Wenn beide Schüler dies ein paar Mal geübt haben, sollen sie die Zahlenreihe entlanghüpfen, während sie nach oben schauen und gleichzeitig die Zahlen sagen.

Kann man sich nicht an die nächste Zahl erinnern, darf man herunterschauen und muss die Zahl 5-mal sagen, bis man weiterhüpfen darf.

Wenn beide Schüler die Reihe ohne Fehler hüpfen können, suchen sie ein Paar, mit dem sie tauschen können.

Zahlenreihen

Vorbereitung:

Für Stufe 1:
Es werden Blätter mit den Zahlen von 1 bis zur Klassenstärke vorbereitet (25 Schüler = Zahlen von 1 bis 25). Jeder Schüler erhält ein Blatt.
Die Schüler dürfen sich die Zahl nicht anschauen, bis die Lehrkaft es sagt.

Für Stufe 2 und 3:
Es werden die Karten von 1 bis 9 aus 4 bis 6 Kartenspielen benötigt. Diese werden gemischt und zu einem Stapel aufeinandergelegt.

1+2=3

BVK • Simon Møller: Mathe aktiv erleben – Band 2 • Seite 10

Zahlenreihen

1

Auf ein Zeichen der Lehrkraft hin stellen sich die Schüler so schnell wie möglich in der Reihenfolge der Zahlen auf, die **kleinste** Zahl zuerst.
Anschließend stellen sich die Schüler auf ein Zeichen der Lehrkraft hin so schnell wie möglich in der umgekehrten Reihenfolge der Zahlen auf, also die **größte** Zahl zuerst.

1+2=3

Zahlenreihen

2

Jeder Schüler zieht 1 Karte pro Hand vom Stapel. Die Karte in der linken Hand zeigt den Zehner, die Karte in der rechten Hand den Einer.
Wenn die Schüler ihre Zahl „gelesen“ haben, müssen sie sich so schnell wie möglich in der richtigen Reihenfolge aufstellen, die **größte** Zahl zuerst.
Die Lehrkraft prüft die Richtigkeit der Reihenfolge.
Ist alles korrekt, tauschen die Schüler die Karten in ihren Händen und stellen sich wieder in der richtigen Reihenfolge auf.

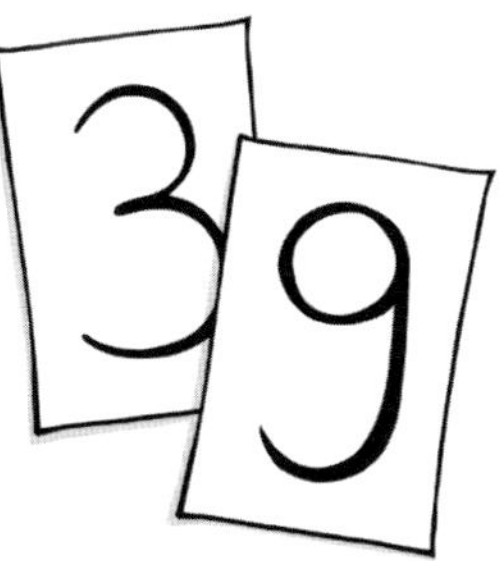

1+2=3

BVK • Simon Moser: Mathe aktiv erleben – Band 2 • Seite 11

Zahlenreihen

123

3

Jeder Schüler zieht 3 Karten und stellt sie zu der größtmöglichen dreistelligen Zahl zusammen.
Wenn die Schüler ihre Zahl gebildet haben, müssen sie sich so schnell wie möglich in der richtigen Reihenfolge aufstellen, die **größte** Zahl zuerst.
Die Lehrkraft prüft die Richtigkeit der Reihenfolge.
Ist alles korrekt, bilden die Schüler die kleinstmögliche dreistellige Zahl mit ihren 3 Karten und stellen sich dann wieder in der richtigen Reihenfolge auf, die **kleinste** Zahl zuerst.

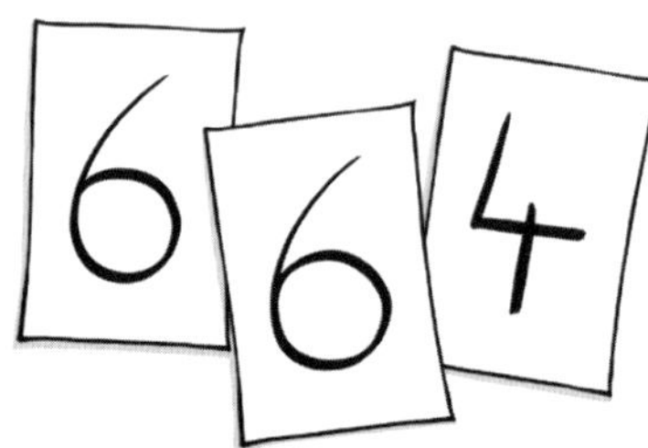

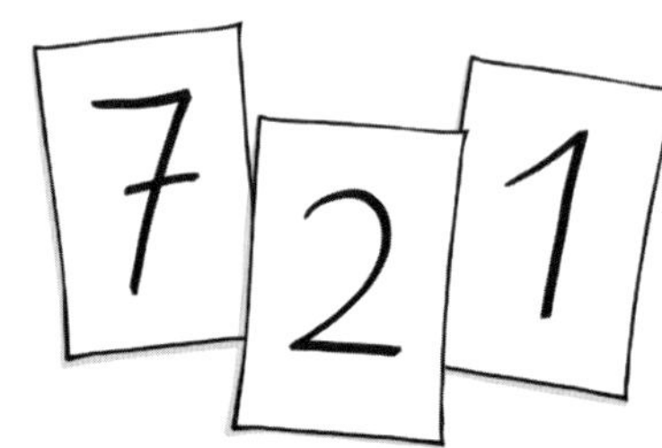

1+2=3

Zahlenkampf

123

V

Vorbereitung:

Die Schüler arbeiten in Paaren zusammen.

Jedes Paar erhält ein Kartenspiel, von dem es jeder einmal Karten von 1 bis 9 nehmen und sie auf einen Stapel neben sich legen.

Bevor das Spiel beginnt, entscheidet das Paar noch, ob die niedrigste oder höchste Zahl gewinnt.

BVK • Simon Møller: Mathe aktiv erleben – Band 2 • Seite 12

1+2=3

Zahlenkampf

1

Abwechselnd drehen die Schüler 1 Karte von ihrem Stapel um.

Der Schüler mit der niedrigsten oder höchsten Zahl gewinnt beide Karten.
Haben beide Schüler die gleiche Karte gezogen, kommt es zum „Kampf" und beide Schüler ziehen 3 Karten mit der Bildseite nach unten. Eine Karte nach der anderen wird aufgedeckt. Der Schüler mit der insgesamt niedrigsten oder höchsten Zahl gewinnt alle Karten.

Sind alle Karten aus dem Stapel verbraucht, hat der Spieler mit den meisten gewonnenen Karten auch das Spiel gewonnen.

1+2=3

Zahlenkampf

2

Abwechselnd ziehen die Schüler 2 Karten aus den Stapeln.

Beide Schüler setzen die höchstmögliche zweistellige Zahl aus den beiden Karten zusammen und der Schüler mit der kleinsten oder höchsten Zahl gewinnt die 4 Karten.
Sollten die Schüler zufällig die gleichen 2 Zahlen gezogen haben, müssen beide 1 Karte mit einer aus dem Stapel austauschen.

Sind alle Karten aus dem Stapel verbraucht, hat der Spieler mit den meisten gewonnenen Karten auch das Spiel gewonnen.

1+2=3

BVK • Simon Möller: Mathe aktiv erleben – Band 2 • Seite 13

Zahlenkampf

3

Abwechselnd ziehen die Schüler 3 Karten aus den Stapeln.

Beide Schüler setzen die höchstmögliche dreistellige Zahl aus den 3 Karten zusammen und der Schüler mit der kleinsten oder höchsten Zahl gewinnt die 6 Karten.
Sollten die Schüler zufällig die gleichen 3 Zahlen gezogen haben, müssen beide 1 Karte mit einer aus dem Stapel austauschen.

Sind alle Karten aus dem Stapel verbraucht, hat der Spieler mit den meisten gewonnenen Karten auch das Spiel gewonnen.

Eine Uhr bauen

Vorbereitung:

Pappteller als Schablone und genug Karton (1 Bogen pro Schüler) bereitstellen, ggf. eine Vorlage für die Zeiger dazulegen und Musterklammern in Klassenstärke austeilen.

Die Schüler folgen der Anleitung und basteln eine analoge Uhr.
Auch die Lehrkraft braucht eine Uhr.

Tipp:
Sollten die beiden Stufen für einige Schüler zu schwierig sein, können diese die Uhr einfach nur basteln.

Eine Uhr bauen – Bastelanleitung

Alle Schüler zeichnen ein Zifferblatt (Kreis) auf ein Stück Karton.
Sie können eine Schablone benutzen, zum Beispiel einen kleinen Pappteller, und diese umfahren.
Danach schneiden sie den Kreis aus.

Anschließend zeichnen sie einen Stunden- und einen Minutenzeiger auf ein Stück Karton und schneiden auch diese aus.

Die Schüler halbieren das Zifferblatt mit einer senkrechten Linie und danach mit einer waagerechten Linie, sodass 4 gleich große Teile entstehen.
Die Schüler schreiben zuerst die Zahlen 3, 6, 9 und 12 an die richtigen Stellen, danach auch die restlichen Zahlen.

Anschließend stechen die Schüler ein kleines Loch in die Mitte, damit man die Zeiger mit einer Musterklammer auf dem Zifferblatt befestigen kann.

Eine Uhr bauen

1

Zunächst basteln die Schüler die Uhr nach der Anleitung.

Dann gibt die Lehrkraft vor, um wie viel der **Stundenzeiger** gedreht werden soll, aber nur volle Stunden. Gestartet wird mit Mitternacht.
Alle Kinder zeigen lautlos den Zeitpunkt, den die Lehrkraft ihrer Meinung nach genannt hat.

Die Schüler sollen die ganze Zeit ihren Zeiger weiterbewegen in dem Takt, in dem die Lehrkraft die neue Uhrzeit nennt und mit ihrem Zeiger vorrückt.

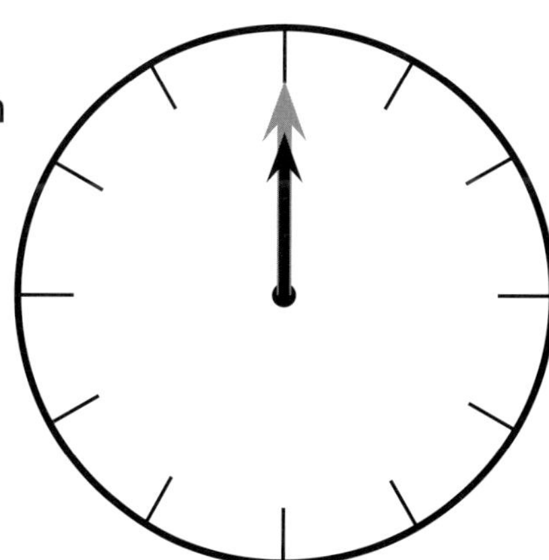

BVK • Simon Møller: Mathe aktiv erleben – Band 2 • Seite 15

Eine Uhr bauen

2

Zunächst basteln die Schüler die Uhr nach der Anleitung. Sie zeichnen aber zusätzlich die 4 Minutenstriche zwischen 12 und 1 ein.
Alle Schüler machen danach irgendetwas innerhalb einer Minute, mit dem sie sich wohl fühlen, zum Beispiel zeichnen, Karten spielen oder lesen.
Jedes Mal, wenn eine Minute vergangen ist, macht die Lehrkraft ihre Schüler darauf aufmerksam und alle Schüler rücken ihren Minutenzeiger zum nächsten Minutenstrich. Dann nehmen sie ihre Beschäftigung wieder auf.
Nach 5 Runden, also 5 Minuten, sollen alle Schüler eine Minute ganz ruhig dasitzen, um ihre Aufmerksamkeit darauf zu richten, dass sich die Zeit unterschiedlich anfühlt, je nachdem, ob man dabei etwas tut oder nicht.
Anschließend sollen sie mit geschlossenen Augen dasitzen und einschätzen, wann 1 Minute vergangen ist. Sie öffnen die Augen, wenn dies ihrer Meinung nach geschehen ist, bleiben aber still. Die Lehrkraft zeichnet eine große Uhr an die Tafel und geht mit ihrem Finger die Sekunden mit, damit jeder Schüler sehen kann, wie viel Zeit vergangen ist und wie gut sie geschätzt haben.
Alle Schüler überlegen sich dann ein eigenes System, um die Sekunden mitzuzählen, zum Beispiel „1 Kartoffel, 2 Kartoffeln“. Es ist eine gute Idee, dass sie ihr Wort selbst wählen dürfen. Sie folgen nun gemeinsam einem Sekundenzeiger oder die Lehrkraft zählt die Sekunden laut. Die Übung, mit geschlossenen Augen dazusitzen und 1 Minute zu schätzen, wird wiederholt. Diesmal dürfen die Schüler aber ihr System anwenden.

1+2=3

Zeitmessung

Vorbereitung:

Die Lehrkraft schreibt auf mindestens 12 Papierstücke je eine Erklärung einer Aktivität und verteilt die Zettel in der Klasse oder der Sporthalle. Die Klasse teilt sich in 3er-Gruppen auf. Jede Gruppe erhält noch ein DIN-A4-Blatt für Notizen.

Vorschläge für die Aktivitäten:

- 20 Hampelmänner machen
- 10 Liegestützen machen (evtl. mit den Knien auf dem Boden)
- 10-mal auf einen Stuhl stellen und wieder heruntersteigen
- 10-mal auf den Po setzen und wieder aufstehen
- 5-mal über seine gefalteten Hände steigen und wieder zurück
- 20-mal auf der Stelle laufen und dabei die Knie bis zur Brust hochziehen
- 20-mal über einen Medizinball hüpfen
- 20-mal mit beiden Beinen zusammen eine Linie entlanghüpfen und wieder zurück
- 20-mal aus einer liegenden Position in eine sitzende wechseln und wieder zurück
- 30-mal auf der Stelle laufen mit den Fersen am Po
- 5-mal etwa 5 Meter hin- und zurücklaufen
- 5-mal 1 Meter weit springen und zurück
- 10-mal um die 2 anderen in der Gruppe laufen

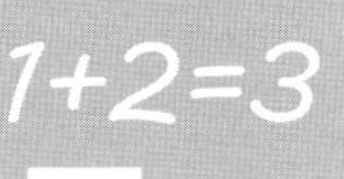

Zeitmessung

1

Jede Gruppe soll verschiedene Aktivitäten ausprobieren.
Ein Schüler nimmt dabei die Zeit und notiert sie in Sekunden auf das leere Blatt, das die Gruppe durch alle Aktivitäten begleitet. Ein anderer Schüler zählt die Wiederholungen und der letzte Schüler aus der Gruppe führt die Aktivität aus.
Die Schüler wechseln dabei, damit jeder einmal eine der 3 Rollen übernommen hat.
Wenn die Gruppe mit einer Aktivität fertig ist, geht sie zu einer anderen freien Aktivität usw.

Bei welcher Aktivität brauchen die einzelnen Gruppenmitglieder am längsten und bei welcher am kürzesten?

	Luke	**Martin**	**Kerstin**
20 Hampelmänner machen	30	43	28
10-mal hinsetzen und aufstehen	17	16	20
20-mal über einen Ball hüpfen	24		

1+2=3

Zeitmessung

2

Jede Gruppe soll verschiedene Aktivitäten ausprobieren.
Ein Schüler nimmt dabei die Zeit und notiert sie in Sekunden auf das leere Blatt, das die Gruppe durch alle Aktivitäten begleitet. Ein anderer Schüler zählt die Wiederholungen und der letzte Schüler aus der Gruppe führt die Aktivität aus.
Die Schüler wechseln dabei, damit jeder einmal eine der 3 Rollen übernommen hat.
Wenn die Gruppe mit einer Aktivität fertig ist, geht sie zu einer anderen freien Aktivität usw.

Wie viel Zeit braucht jeder Teilnehmer einer Gruppe insgesamt für alle Aktivitäten?
Wie viel Zeit braucht die Gruppe insgesamt?

	Hampelmänner	**Liegestützen**	**1-Meter-Sprung**	**gesamt**
Kerim	21	45	17	123
Bente	28	65	23	156
Sophie	25	58	29	152
Gruppe insgesamt: 431 Sekunden				

BVK • Simon Møller: Mathe aktiv erleben – Band 2 • Seite 17

Zeitmessung

3

Jede Gruppe soll verschiedene Aktivitäten ausprobieren.
Ein Schüler nimmt dabei die Zeit und notiert sie in Sekunden auf das leere Blatt, das die Gruppe durch alle Aktivitäten begleitet. Ein anderer Schüler zählt die Wiederholungen und der letzte Schüler aus der Gruppe führt die Aktivität aus.
Die Schüler wechseln dabei, damit jeder einmal eine der 3 Rollen übernommen hat.
Wenn die Gruppe mit einer Aktivität fertig ist, geht sie zu einer anderen freien Aktivität usw.

Die Gruppen zeichnen ein Säulendiagramm, das zeigt, wie viel Zeit die Gruppenmitglieder für die unterschiedliche Aktivität gebraucht haben.

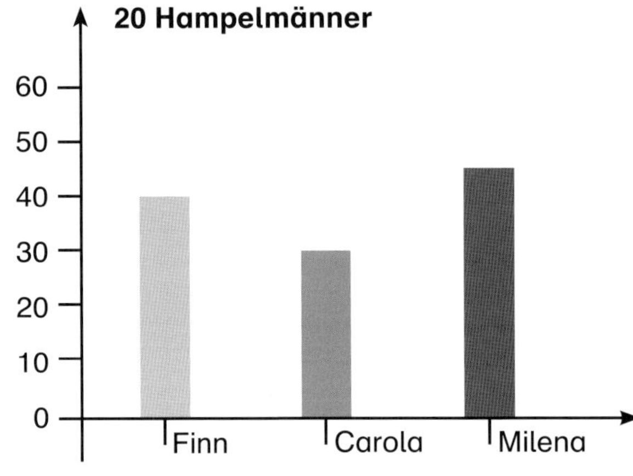

Einen Drachen bauen

Vorbereitung:

Die Schüler arbeiten in Paaren zusammen, folgen der Anleitung und bauen einen Drachen.

Tipp:
Sollten die beiden Stufen für einige Schüler zu schwierig sein, können diese den Drachen einfach nur dekorieren, zum Beispiel, indem sie die Mittellinien des Drachens als Spiegelachse verwenden.

Hinweis: Die Lehrkraft stellt den Schülern Holzstäbe in unterschiedlichen Längen zur Verfügung. Einer der Stäbe soll 50 cm lang sein, der andere kann von den Schülern beliebig gewählt werden, sodass am Ende unterschiedliche Drachen entstehen.

BVK • Simon Møller: Mathe aktiv erleben – Band 2 • Seite 18

Einen Drachen bauen

1

Alle Drachen werden gezeigt und die Schüler schätzen, welche 3 Drachen von allen am längsten fliegen können.
Tipp: Die Lehrkraft kann die Schätzungen als Strichliste an der Tafel festhalten.

Alle Schülerpaare lassen nun ihren Drachen steigen und nehmen die Zeit, wie lange er jeweils in der Luft bleibt. Jedes Paar hat 3 Versuche. Die längste Zeit, die ein Paar misst, gilt.

Wurden die 3 Drachen mit den längsten Flugzeiten richtig geschätzt?

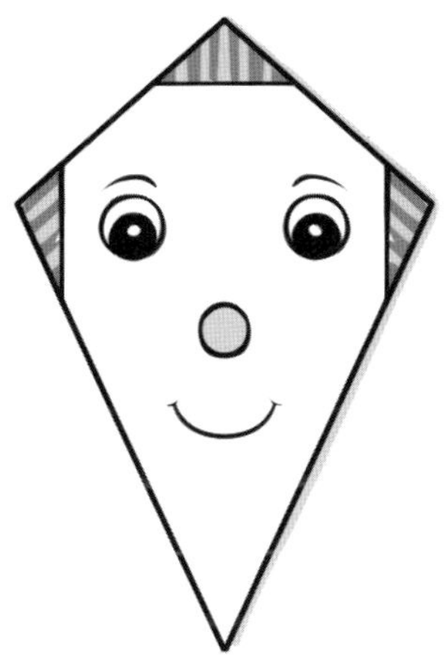

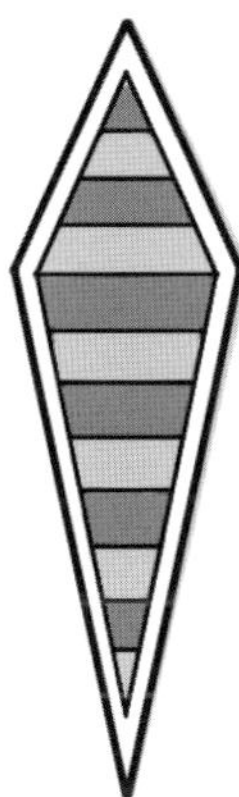

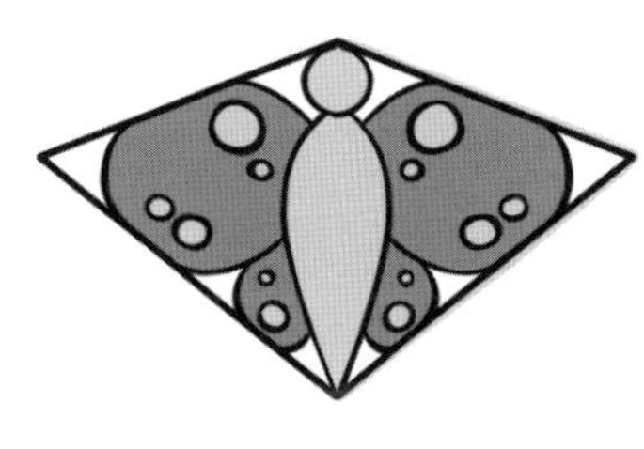

Einen Drachen bauen

2

Alle Schülerpaare lassen nun ihren Drachen steigen und nehmen die Zeit, wie lange er jeweils in der Luft bleibt. Jedes Paar hat 3 Versuche. Alle notieren ihre Zeiten.

Die Lehrkraft zeichnet ein Säulendiagramm, in das die längste und die kürzeste Flugzeit aller Paare eingetragen werden. Das Diagramm wird in der Klasse besprochen.

Die Schüler können die Drachen tauschen und die neuen Ergebnisse mit den vorangegangenen vergleichen.

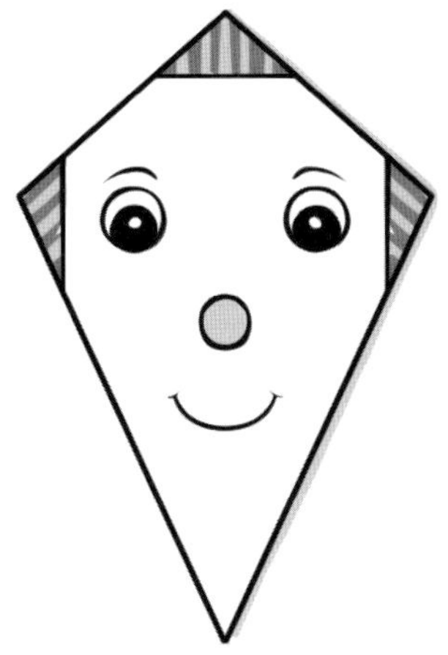

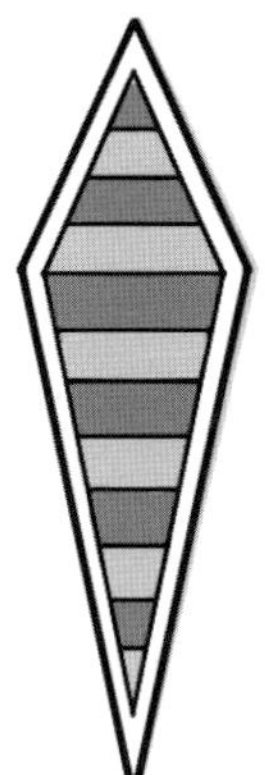

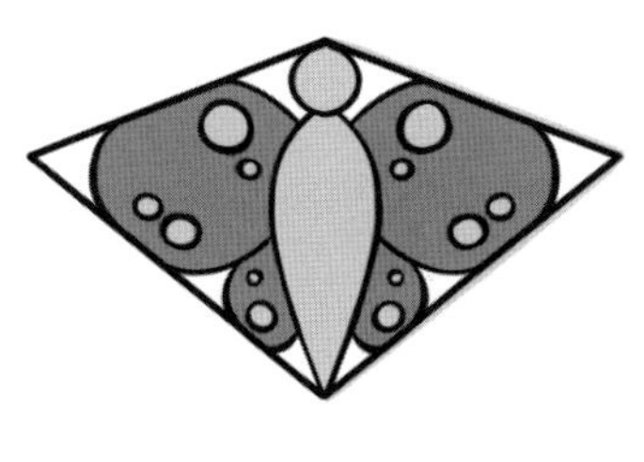

1+2=3

Ein Lineal bauen

cm

V

Vorbereitung:

Die Schüler arbeiten in Paaren zusammen.

Für Stufe 1:
Jedes Paar baut ein „Lineal“ aus 10 Steckwürfeln (= 10 cm).

Für Stufe 2:
Jedes Paar sucht 2 kleine Holzstücke mit einer Länge von 20 cm.
Die Schüler zeichnen mit Hilfe ihres „Steckwürfel-Lineals“ (s. *Stufe 1)* Zentimetermarkierungen auf dem Holzstück inklusive extra Markierungen bei 10 und 20 cm ein.

Für Stufe 3:
Jedes Paar sucht 2 kleine Holzstücke mit einer Länge von 1 m.
Die Schüler zeichnen mit Hilfe ihres „Holzstück-Lineals“ (s. *Stufe 2)* Zentimetermarkierungen auf dem Holzstück inklusive extra Markierungen bei 10, 20, 30 cm usw. ein.

1+2=3

Ein Lineal bauen

cm

1

Jedes Paar sucht einen Gegenstand, den es messen kann.
Der Gegenstand darf maximal 10 cm groß sein.

Beide Schüler schätzen, wie lang der Gegenstand ist.
Danach messen die Schüler den Gegenstand und ermitteln den Schüler, dessen Schätzung am besten war.

Diese Aktivität wird 3- bis 5-mal mit immer neuen Gegenständen wiederholt.

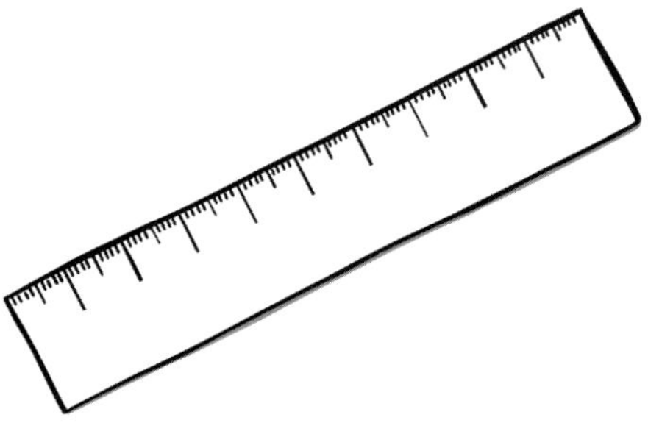

1+2=3

BVK • Simon Møller: Mathe aktiv erleben – Band 2 • Seite 20

Ein Lineal bauen

cm

2

Jedes Paar sucht einen Gegenstand, den es messen kann.
Der Gegenstand darf maximal 20 cm groß sein.

Beide Schüler schätzen, wie lang der Gegenstand ist.
Danach messen die Schüler den Gegenstand und ermitteln den Schüler, dessen Schätzung am besten war.

Diese Aktivität wird 3- bis 5-mal mit immer neuen Gegenständen wiederholt.

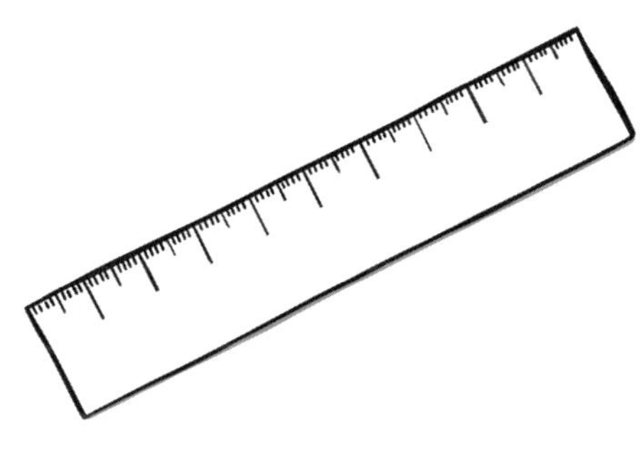

1+2=3

Ein Lineal bauen

cm

3

Wenn das Paar die Lineale gebaut hat, geht es umher und misst verschieden lange Abstände, zum Beispiel von einer Wand zur anderen.

Die Schüler schreiben die Längen auf und fragen andere, ob diese ein paar ihrer Messungen schätzen können.

1+2=3

Einen Abstand schätzen

cm

V

Vorbereitung:

Die Schüler arbeiten in Paaren zusammen.
Die Aktivität findet auf dem Schulhof statt.

Bei dieser Aktivität müssen Abstände gemessen werden.

Für Stufe 2 und 3:
Es wird pro Paar 1 Maßband benötigt.

Einen Abstand schätzen

cm

1

Die Paare suchen sich einen Abstand aus, den sie messen wollen und überlegen, wie sie ihn messen können. Sie können zum Beispiel zählen,

- wie viele Schritte sie machen, wenn sie einen Fuß direkt an den anderen setzen,
- wie oft sie von einem Ende zum anderen hüpfen,
- wie viele normale oder riesige Schritte sie machen können,
- wie viele Schritte sie rückwärts gehen ...

Beide Schüler schätzen den Abstand, zum Beispiel 10 Sprünge, bevor sie ihn messen.

Dann probieren sie 2 andere Messmöglichkeiten aus.

Gewonnen hat der Schüler, der insgesamt am besten geschätzt hat.

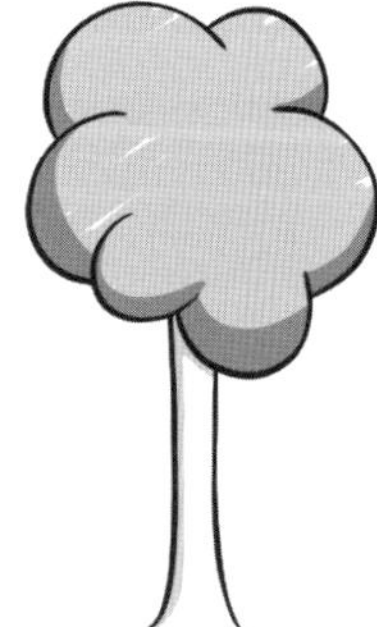

BVK • Simon Møller: Mathe aktiv erleben – Band 2 • Seite 22

Einen Abstand schätzen

cm

2

Die Paare suchen sich einen Abstand aus, den sie messen wollen, zum Beispiel von einem Baum zu einem anderen.
Beide Schüler schätzen den Abstand in ganzen Metern, bevor sie ihn mit dem Maßband messen.

Die Aktivität wird 2-mal mit einem jeweils neuen Abstand wiederholt.

Gewonnen hat der Schüler, der insgesamt am besten geschätzt hat.

Einen Abstand schätzen

cm

3

Jedes Paar erhält ein Maßband. Damit messen die Paare gegenseitig ihre normale Schrittlänge und ihre Sprungweite.
Anschließend suchen sich die Paare einen Abstand aus, den sie messen wollen, zum Beispiel von einem Baum zu einem anderen.
Dann schätzen sie diesen Abstand in Metern, bevor sie ihn mit Hilfe einer der oben genannten Messmöglichkeiten messen.
Danach berechnen beide den Abstand in Metern (z. B. 8 Schritte = 2,40 m bei einer Schrittlänge von 30 cm).
Zuletzt messen sie den Abstand zur Kontrolle mit dem Maßband nach.

Die Aktivität wird 2-mal mit einem jeweils neuen Abstand wiederholt.
Gewonnen hat der Schüler, der insgesamt am besten geschätzt hat.

Meine Messungen

cm

Vorbereitung:

Die Schüler arbeiten in 3er- bis 4er-Gruppen zusammen.
Zum Messen benötigen die Schüler ein (langes) Lineal oder ein Maßband.

Für Stufe 1:
Die Schüler messen die Längen verschiedener Gegenstände.

Für Stufe 2:
Die Schüler messen verschiedene Körperteile.

Für Stufe 3:
Die Lehrkraft bereitet im Voraus ein DIN-A4-Blatt für jeden Schüler vor. Auf diesem sind verschiedene Körperlängen illustriert, die die Schüler gegenseitig messen sollen. Es soll aber noch Platz für die einzelnen Messungen auf dem Papier sein.

1+2=3

Meine Messungen

cm

1

Alle in den Gruppen schätzen, wer in der Gruppe den längsten oder kürzesten Radiergummi, Bleistiftanspitzer bzw. das längste oder kürzeste Federmäppchen oder Ähnliches hat.
Danach messen die Schüler diese Gegenstände und ermitteln denjenigen, der mit seiner Schätzung am besten lag.

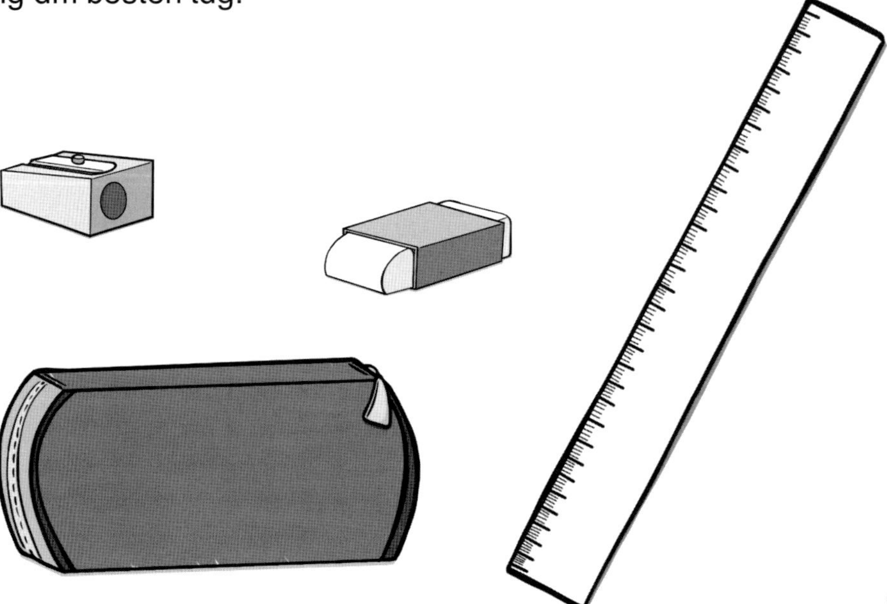

BVK • Simon Møller: Mathe aktiv erleben – Band 2 • Seite 24

Meine Messungen

cm

2

Alle in den Gruppen schätzen, wer in der Gruppe den längsten oder kürzesten Fuß bzw. die längste oder kürzeste Beinlänge, Armlänge oder Ähnliches hat.

Danach messen die Schüler diese Körperteile gegenseitig und ermitteln denjenigen, der mit seiner Schätzung am besten lag.

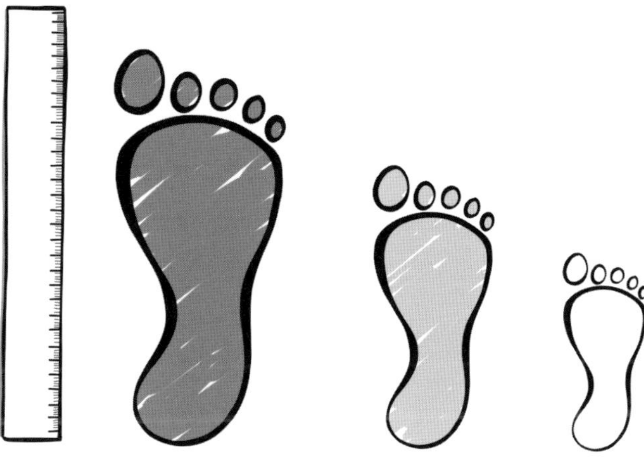

1+2=3

BVK • Simon Møller: Mathe aktiv erleben – Band 2 • Seite 25

Meine Messungen

cm

3

Alle Schüler der Klasse gehen herum und messen gegenseitig die Länge vom Ellbogen bis zur Spitze des kleinen Fingers, die Breite des lächelnden Mundes, den Abstand von Fingerspitze zu Fingerspitze mit ausgebreiteten Armen, den Abstand von Kniekehle zur Ferse und den Abstand von der Nase zum Knie. Jeder Schüler schreibt die Längen, die bei ihm gemessen wurden, auf sein Blatt.

Man misst gegenseitig nur eine Länge pro Runde, danach sucht man einen neuen Partner.
Wenn ein Schüler alle seine Längen bereits gemessen hat, kann er anderen Kindern helfen, bis alle fertig sind.

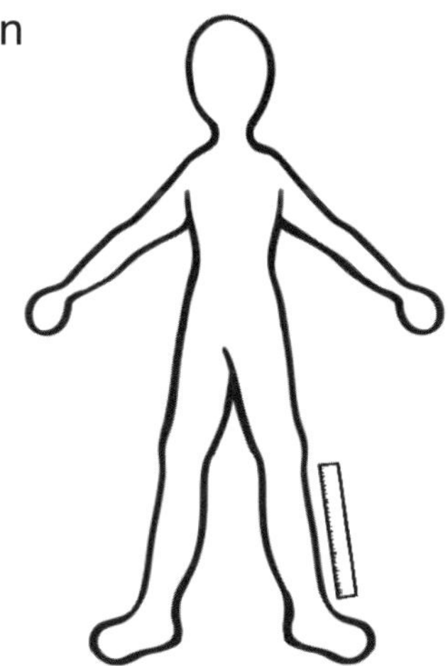

Anschließend stellen sich die Schüler in der Reihenfolge der Längen auf, allerdings zunächst, ohne die gemessenen Längen zu beachten.
Als Erstes stellen sie sich also von der kürzesten bis zur längsten Länge vom Ellbogen bis zur Fingerspitze auf.
Danach stellen sie sich in der Reihenfolge der tatsächlich gemessenen Längen auf.

Das wird mit jeder Länge wiederholt.

1+2=3

Einen Papierflieger falten

cm

Vorbereitung:

Für Stufe 1:
Alle Schüler stellen einen oder mehrere Papierflieger nach der Anleitung her. Die Flieger dürfen gerne dekoriert werden, während die Schüler darauf warten, bis alle in der Klasse fertig sind.

Für Stufe 2 und 3:
Alle Schüler falten einen oder mehrere Papierflieger nach eigenem Ermessen. Man kann der Faltanleitung folgen oder ein eigenes Design finden.

Die Lehrkaft zeichnet eine lange Startlinie auf den Boden und markiert jeden halben Meter eine neue Linie, damit die Schüler die Fluglänge ablesen können.

Hinweis:
Für alle Stufen muss genug Papier vorhanden sein, damit einige Schüler mehrere Flieger falten können.

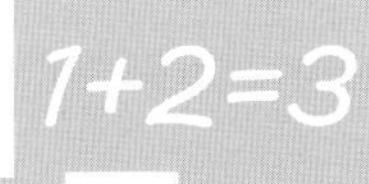

BVK • Simon Møller: Mathe aktiv erleben – Band 2 • Seite 26

Einen Papierflieger falten

cm

Bei schönem Wetter können die Schüler ihre Flieger auf dem Schulhof fliegen lassen. Ansonsten sind auch die Turnhalle, eine Aula oder vergleichbar große Räume denkbar.

Die Aktivität kann damit enden, dass man die Flieger zeigt, sodass die Schüler zusammentragen können, wie sie gearbeitet und was sie gelernt haben.

Wessen Papierflieger fliegt am weitesten bzw. am kürzesten?

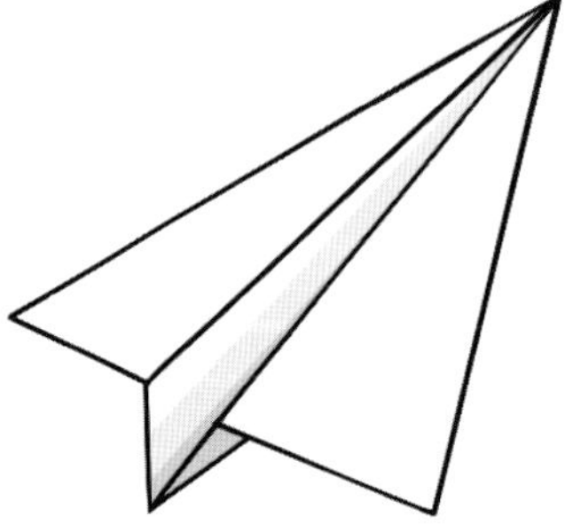

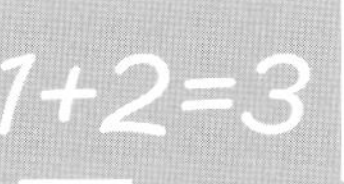

Einen Papierflieger falten

cm

2

Bei schönem Wetter können die Schüler ihre Flieger auf dem Schulhof fliegen lassen. Ansonsten sind auch die Turnhalle, eine Aula oder vergleichbar große Räume denkbar.

Die Schüler werfen ihre Flieger von der Startlinie aus und merken sich die Länge des weitesten Fluges. Etwa alle 5 Minuten stellen sich alle der Reihenfolge der Flugweiten nach auf, um zu prüfen, wie weit die anderen geworfen haben.

Die Aktivität wird fortgesetzt. Bevor man wirft, darf man aber entscheiden, ob man einen neuen Flieger faltet, Änderungen am bereits gefalteten Flieger vornimmt oder ohne Änderungen weitermacht.

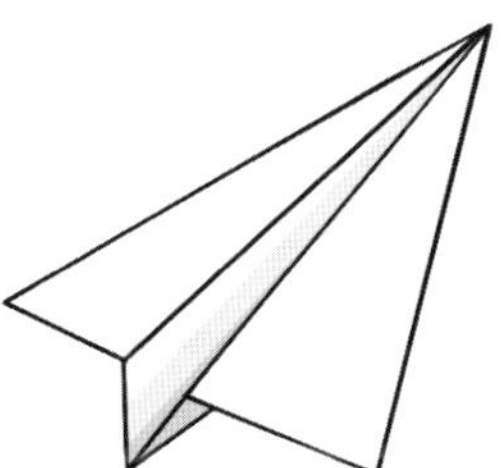

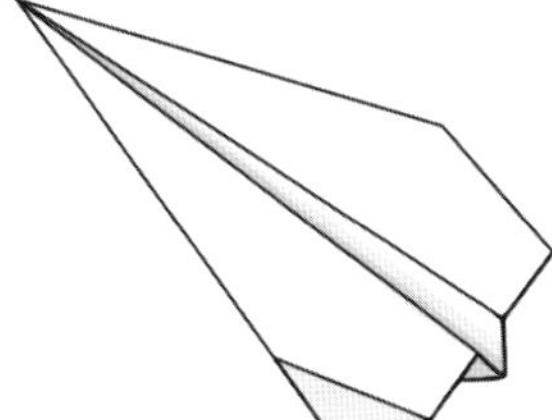

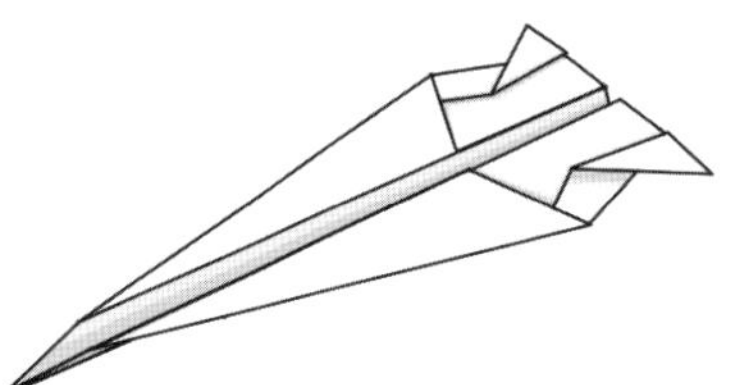

Einen Papierflieger falten

cm

3

Bei schönem Wetter können die Schüler ihre Flieger auf dem Schulhof fliegen lassen. Ansonsten sind auch die Turnhalle, eine Aula oder vergleichbar große Räume denkbar.

Die Schüler werfen ihre Flieger von der Startlinie aus und schreiben alle Flugweiten auf. Nach etwa 10 Minuten berechnen alle den Unterschied zwischen ihrem weitesten und kürzesten Flug. Die schnelleren Schüler können den anderen helfen.
Alle stellen sich der Reihenfolge der weitesten Fluglängen nach auf, dann der kürzesten Fluglängen und danach nach dem Unterschied zwischen ihrem weitesten und ihrem kürzesten Flug.

Die Aktivität wird fortgesetzt. Bevor man wirft, darf man aber entscheiden, ob man einen neuen Flieger faltet, Änderungen am bereits gefalteten Flieger vornimmt oder ohne Änderungen weitermacht.

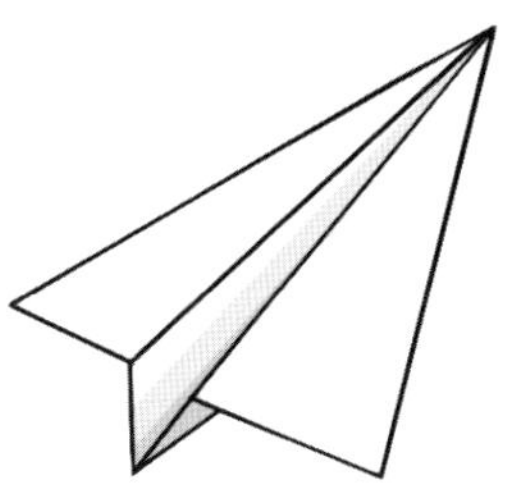

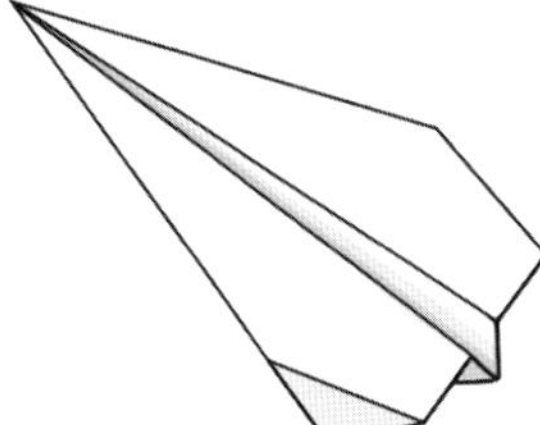

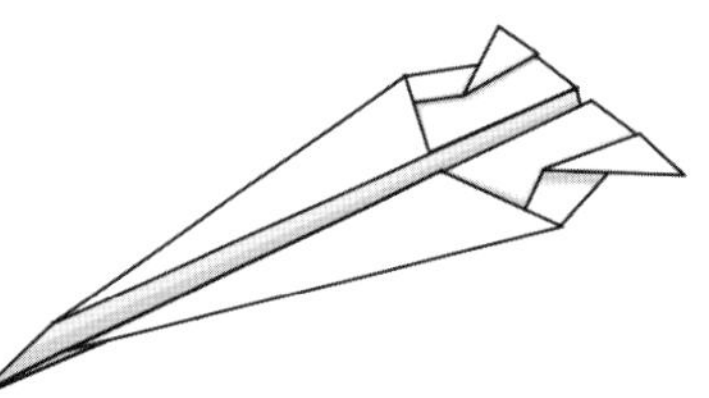

BVK • Simon Møller: Mathe aktiv erleben – Band 2 • Seite 27

Eine Waage bauen

kg

Vorbereitung:

Alle Schüler bauen ihre eigene Waage, indem sie einen Klebepunkt (z. B. ein Stück doppelseitiges Klebeband) auf einen sechseckigen Bleistift kleben und dann ein Lineal mittig darauf befestigen.

Die Schüler bringen ihre Linealwaage ins Gleichgewicht und achten darauf, dass sie nicht vom Tisch rollen kann.

Tipp: Wenn man den Bleistift vorne an der Spitze mit seinem Finger fixiert, rutscht er nicht so schnell weg.

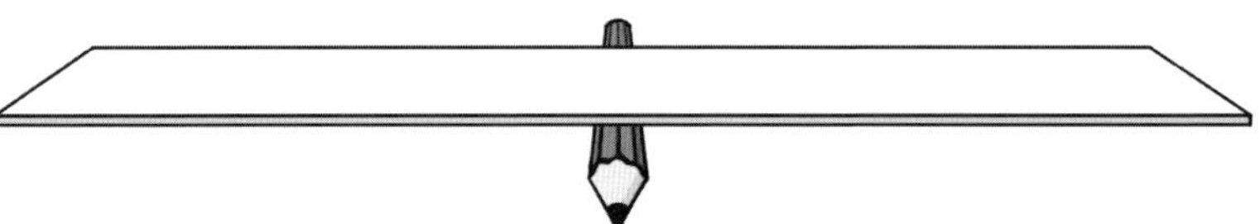

1+2=3

Eine Waage bauen

kg

1

Die Schüler sollen nun versuchen, das Gleichgewicht mit 3 Steckwürfeln auf der einen Seite und 4 Würfeln auf der anderen Seite zu halten.

Danach versuchen die Schüler, das Gleichgewicht mit 3 Steckwürfeln auf der einen Seite und 5 Würfeln auf der anderen Seite zu halten.

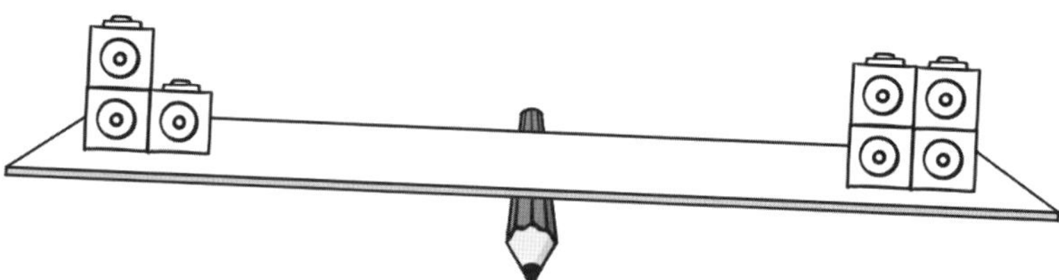

1+2=3

Eine Waage bauen

kg

2

Die Schüler experimentieren einzeln damit, 4 kleine Gegenstände (z. B. Anspitzer, Radiergummi, 10 Büroklammern, ein Stück Kreide, eine Haarspange, ein Schlüssel, eine Armbanduhr, ein Paket Taschentücher ...) zu wiegen.
Sie legen je einen Gegenstand auf die eine Seite der Waage, einen anderen auf die andere. So ermitteln sie nacheinander die Reihenfolge der Gewichte der 4 Gegenstände.

Bis alle Schüler ihre 4 Gegenstände in die richtige Reihenfolge gelegt haben, können schnellere Schüler weitere Gegenstände wiegen und in die Reihenfolge einordnen.

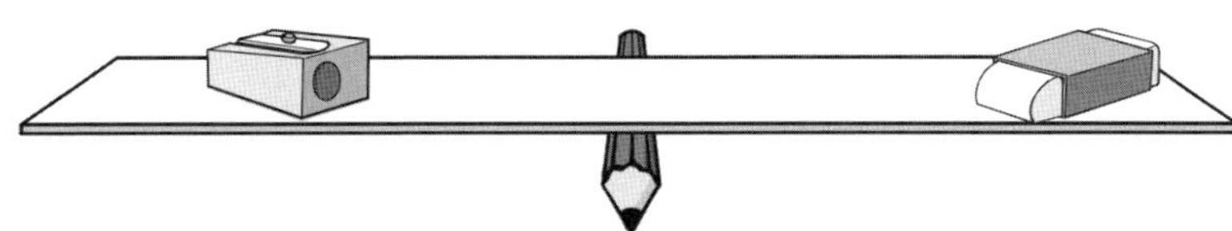

1+2=3

Eine Waage bauen

kg

3

Die Schüler arbeiten zu zweit. Jedes Paar sucht 6 kleine Gegenstände (z. B. Anspitzer, Radiergummi, 10 Büroklammern, ein Stück Kreide, eine Haarspange, ein Schlüssel, eine Armbanduhr, ein Paket Taschentücher ...).

Die Paare werden sich darüber einig, in welcher Reihenfolge sie die Gegenstände ihrem Gewicht nach anordnen müssen.
Danach wiegen sie die Gegenstände nacheinander und ordnen sie in der richtigen Reihenfolge an.

War ihre Einschätzung korrekt?

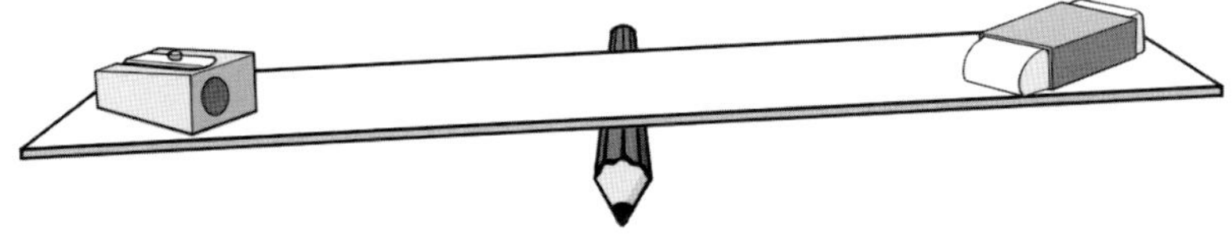

1+2=3

Das Gewicht schätzen

kg

V

Vorbereitung:

Alle Schüler bringen 3 kleine Gegenstände von zu Hause mit.
Alternativ können sie Radiergummis oder andere Dinge aus dem Federmäppchen nehmen.
In 3er-Gruppen sollen die Schüler die Gegenstände hochheben und schätzen, in welche Reihenfolge sie diese legen müssen – den leichtesten zuerst.

Zum Wiegen brauchen die Schüler je eine Waage pro Gruppe. Dafür eignen sich elektronische Waagen (z. B. Brief- oder Küchenwaage) oder eine Balkenwaage.

1+2=3

Das Gewicht schätzen

kg

1

Wenn alle Schüler geschätzt haben, wiegen die Gruppen die Gegenstände und legen sie in der korrekten Reihenfolge nach ihrem Gewicht in eine Reihe.
Der Schüler mit den meisten korrekten Platzierungen gewinnt.

Danach tauschen die Gruppen den Platz. Vorher mischen sie die Gegenstände und eine neue Gruppe schätzt die Reihenfolge nach dem Gewicht und setzt die Aktivität wie beschrieben fort.

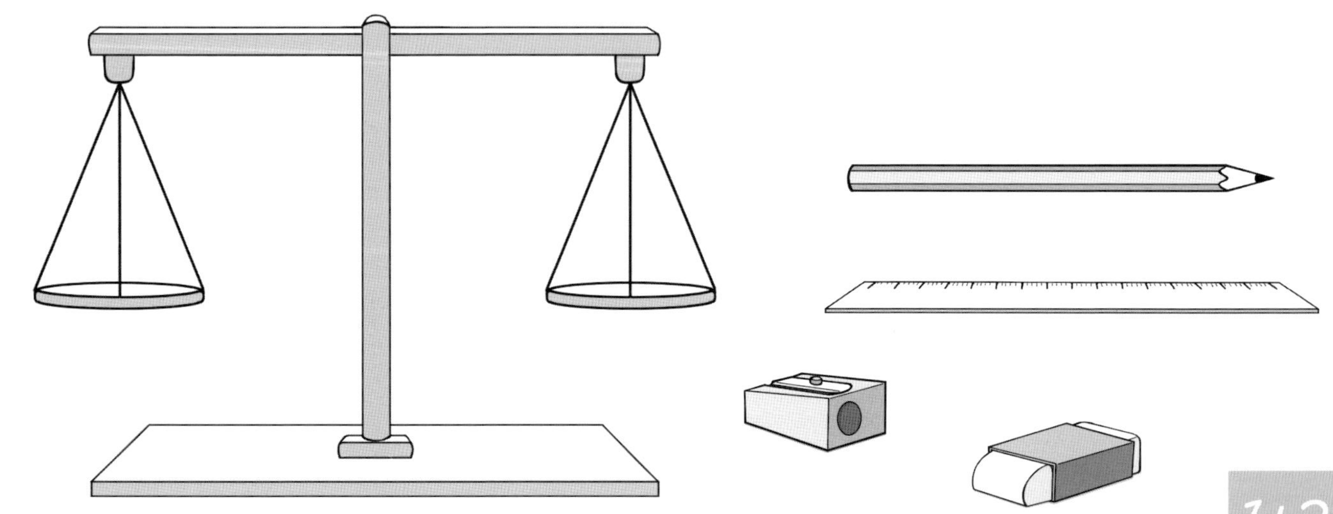

1+2=3

Das Gewicht schätzen

kg

2

Wenn alle Schüler geschätzt haben, wiegen die Gruppen die Gegenstände auf einer Balkenwaage mit Steckwürfeln (1 Steckwürfel = 1 Gramm) oder auf einer elektronischen Waage.
Die Schüler berechnen das **Gesamtgewicht** für ihre eigenen 3 Dinge und notieren dies auf einem Blatt Papier, sodass es ein Kontrollblatt gibt und sie das Gewicht nicht vergessen.

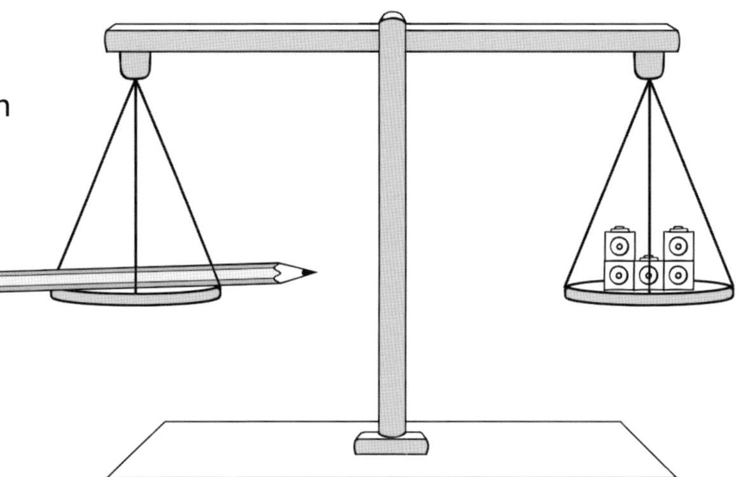

Wenn alle fertig sind, gehen die Schüler umher und treffen sich mit ihren 3 Dingen in den Händen. Sie nehmen die 3 Dinge gegenseitig in die Hand und schätzen gleichzeitig das Gesamtgewicht.

Der Gewinner ist derjenige, dessen Schätzung am besten ist.

1+2=3

Die Reihenfolge schätzen

V

Vorbereitung:

Alle Schüler bringen 3 kleine Gegenstände von zu Hause mit, die man in einer Hand halten kann, zum Beispiel ein Tütchen Backpulver oder Ähnliches. Alternativ können sie Radiergummis oder andere Dinge aus dem Federmäppchen nehmen.
Die Schüler verteilen die Gegenstände auf 6 Tische, sodass auf jedem Tisch etwa die gleiche Menge an Gegenständen liegt.
Die Schüler arbeiten in 6 Gruppen zu jeweils 4 bis 5 Kindern zusammen. Jede Gruppe sucht sich einen Tisch aus.

Für Stufe 1:
Pro Gruppe wird außerdem ein mit Wasser gefülltes Litergefäß (mit Skala!) benötigt. Die Gegenstände sollten wasserfest sein.

Für Stufe 2:
Pro Gruppe wird ein Maßband oder Lineal benötigt.

Für Stufe 3:
Pro Gruppe wird eine Waage (z. B. Brief- oder Küchenwaage) benötigt.

1+2=3

BVK • Simon Møller: Mathe aktiv erleben – Band 2 • Seite 31

Die Reihenfolge schätzen

1

Jede einzelne Gruppe soll zusammenarbeiten und sich in ein paar Minuten darüber einigen, in welcher Reihenfolge die Gegenstände nach **Größe bzw. Volumen** gelegt werden müssen.
Die Lehrkraft kann zum Beispiel helfen und fragen: „Welcher Gegenstand verdrängt das meiste Wasser, wenn man ihn in ein mit Wasser gefülltes Gefäß legt?"
Wenn die einzelnen Gruppen sich über die Reihenfolge einig sind, rotieren sie weiter zum nächsten Tisch.
Dort haben sie wieder eine Minute, um zu diskutieren, ob die Gegenstände bereits in der richtigen Reihenfolge liegen oder ob sie die Reihenfolge ändern müssen.
Nach 6 Runden enden die Gruppen an dem Tisch, an dem sie gestartet sind, und können prüfen, ob die Reihenfolge noch die ursprüngliche ist oder ob sie sich geändert hat.
Alle Gruppen nehmen ein Litergefäß, das halb mit Wasser gefüllt ist. Danach legen sie nacheinander die Gegenstände in das Wasser, messen die Wasserhöhe an der Skala ab und legen die Gegenstände so am Ende in die korrekte Reihenfolge.
Wenn eine Gruppe fertig ist, kann sie eine andere Gruppe besuchen und ihre Arbeit beobachten.

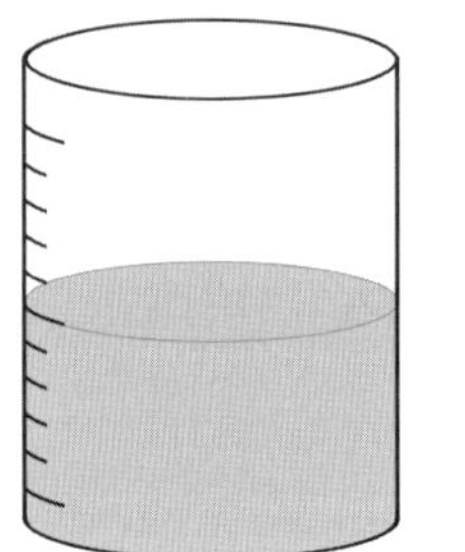

1+2=3

Die Reihenfolge schätzen

2

Jede einzelne Gruppe soll zusammenarbeiten und sich in ein paar Minuten darüber einigen, in welcher Reihenfolge die Gegenstände nach ihrem **Umfang** gelegt werden müssen (Umfang der Fläche, die den Tisch berührt).
Wenn die einzelnen Gruppen sich über die Reihenfolge einig sind, rotieren sie weiter zum nächsten Tisch.
Dort haben sie wieder eine Minute, um zu diskutieren, ob die Gegenstände bereits in der richtigen Reihenfolge liegen oder ob sie die Reihenfolge ändern müssen.
Nach 6 Runden enden die Gruppen an dem Tisch, an dem sie gestartet sind, und können prüfen, ob die Reihenfolge noch die ursprüngliche ist oder ob sie sich geändert hat.
Alle Gruppen nehmen ein Lineal oder Maßband, messen die Gegenstände und legen sie am Ende in die korrekte Reihenfolge.
Wenn eine Gruppe fertig ist, kann sie eine andere Gruppe besuchen und ihre Arbeit beobachten.

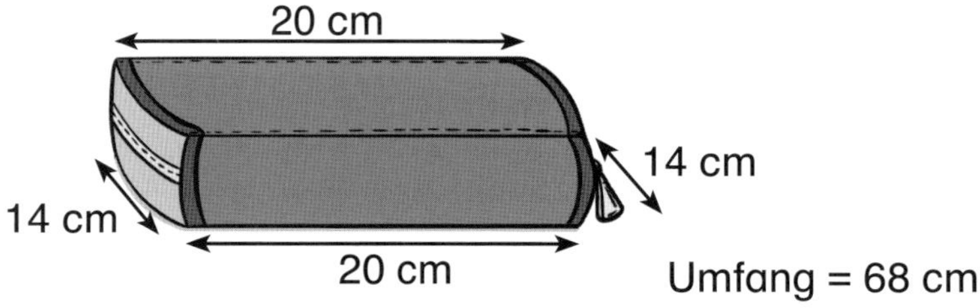

1+2=3

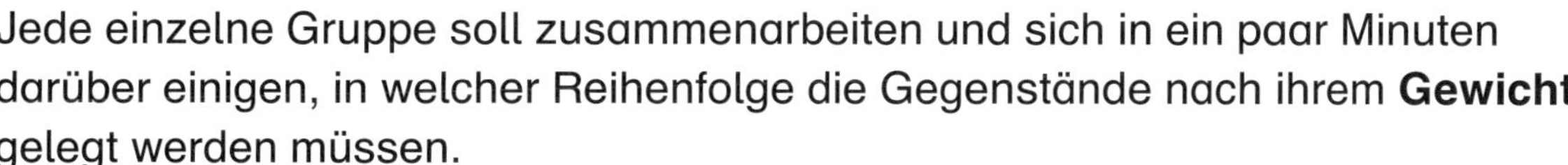

Die Reihenfolge schätzen

3

Jede einzelne Gruppe soll zusammenarbeiten und sich in ein paar Minuten darüber einigen, in welcher Reihenfolge die Gegenstände nach ihrem **Gewicht** gelegt werden müssen.
Wenn die einzelnen Gruppen sich über die Reihenfolge einig sind, rotieren sie weiter zum nächsten Tisch.
Dort haben sie wieder eine Minute, um zu diskutieren, ob die Gegenstände bereits in der richtigen Reihenfolge liegen oder ob sie die Reihenfolge ändern müssen.
Nach 6 Runden enden die Gruppen an dem Tisch, an dem sie gestartet sind, und können prüfen, ob die Reihenfolge noch die ursprüngliche ist oder ob sie sich geändert hat.
Alle Gruppen nehmen eine Waage, messen die Gegenstände und legen sie am Ende in die korrekte Reihenfolge.

Wenn eine Gruppe fertig ist, kann sie eine andere Gruppe besuchen und ihre Arbeit beobachten.

1+2=3

Zeichne ein Spielhaus!

V

Vorbereitung:

Die Aktivität findet auf dem Schulhof statt. Die Schüler arbeiten in 3er-Gruppen zusammen.

Auf dem Schulhof sollen die Gruppen in 10 bis 20 Minuten ihr Traumspielhaus mit Kreide auf den Boden malen. Der Fantasie sind keine Grenzen gesetzt.
Die Schüler sollen auch größere und kleinere Dinge in das Haus malen, zum Beispiel Whirlpool, Kino, Spielkonsole, Kuscheltierbereich …
Die Zeichnung zeigt das Haus und die Dinge von oben.
Die Lehrkraft soll den Schülern sagen, wie viel Zeit noch zum Malen bleibt (5 min, 2 min und 30 s), damit alle Gruppen noch Möbel und anderes Inventar malen können.

Wenn die Zeit vorbei ist, sollen alle Gruppen kurz ihr Haus präsentieren.

Zeichne ein Spielhaus!

Stufe 1:
Die Schüler sollen ihr Haus in der Größe zeichnen, die der **Wirklichkeit** entsprechen würde. Die Möbel und anderes Inventar sollen ebenso die normale Größe haben.

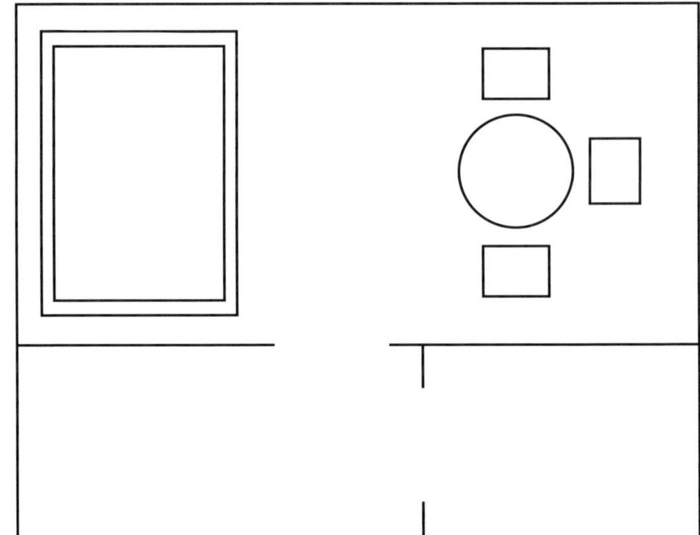

Stufe 2:
Die Schüler sollen ihr Haus **halb so groß** zeichnen, wie es in Wirklichkeit sein würde. Die Möbel und anderes Inventar sollen ebenso halb so groß sein.

Stufe 3:
Die Schüler sollen ihr Haus **doppelt so groß** zeichnen, wie es in Wirklichkeit sein würde. Die Möbel und anderes Inventar sollen ebenso doppelt so groß sein.

Landschaft

Vorbereitung:
Die Lehrkraft zeichnet eine große Landschaft auf ein großes Blatt Papier (ca. 1 – 2 m), von der der Vordergrund, die Mitte, der Hintergrund und der Horizont zu sehen sind.

Für Stufe 1:
Die Lehrkraft malt vorbereitend ein Haus, Bäume, Transportmittel, Tiere und Menschen auf verschiedene Stücke Papier. Dann bringt sie ein Stück Klebeband auf der Rückseite an, sodass die Papierstücke auf der großen Landschaft aufgeklebt werden können.

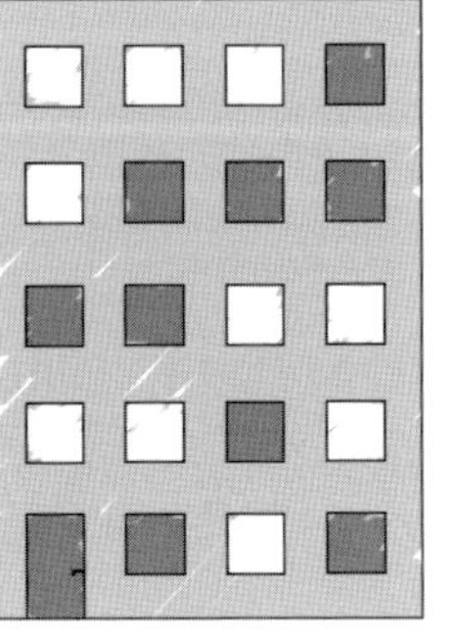

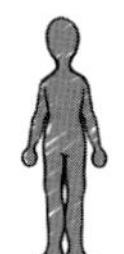

1+2=3

BVK • Simon Møller: Mathe aktiv erleben – Band 2 • **Seite 34**

Landschaft

1

Die Lehrkraft arbeitet mit den Schülern zusammen. Gemeinsam platzieren sie die Stücke an den richtigen Stellen im Hinblick auf die Größenverhältnisse, sodass eine große Landschaft entsteht.
Danach zeichnen die Schüler selbst einen Gegenstand auf ein Blatt, schneiden ihn aus und versehen ihn mit einem Stück Klebeband.
Wenn alle mindestens einen Gegenstand gemalt haben, diskutiert die ganze Klasse, an welcher Stelle die Dinge korrekt auf das Landschaftsbild geklebt werden müssen.

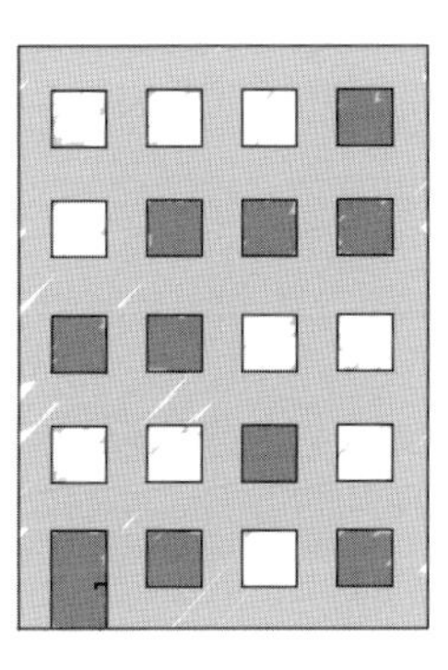

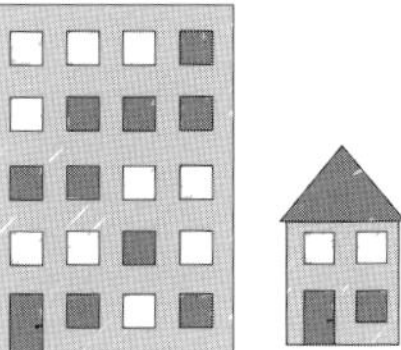

1+2=3

Landschaft

2

Auf separaten DIN-A5-Blättern malen die Schüler ihre Familie.
Alle Familienmitglieder sollen nebeneinander gezeichnet werden.
Die Schüler schneiden ihre Zeichnungen aus und kleben sie mit Klebeband auf die Landschaft.
Die Schüler helfen sich gegenseitig dabei, ihre Familien an die richtigen Stellen im Hinblick auf die anderen Familien zu platzieren, sodass die Größenverhältnisse einigermaßen passen.
Kleine Familienzeichnungen dürfen also nicht neben große Familienzeichnungen geklebt werden.
Wenn sich alle einig sind, dass die Familien korrekt platziert sind, malen die Kinder den Ort, an dem sie wohnen (ihr Haus oder das Haus, in dem ihre Wohnung liegt).
Sie zeichnen die Häuser auf ein separates Blatt, schneiden es aus und und kleben es mit Klebeband auf die Landschaft.
Die ganze Klasse bespricht erneut die richtigen Platzierungen.

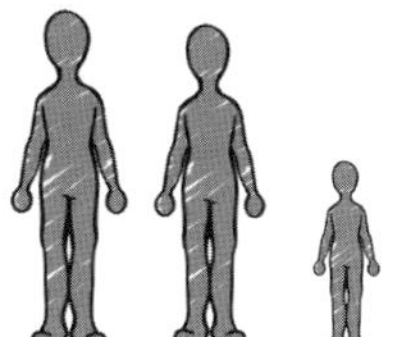
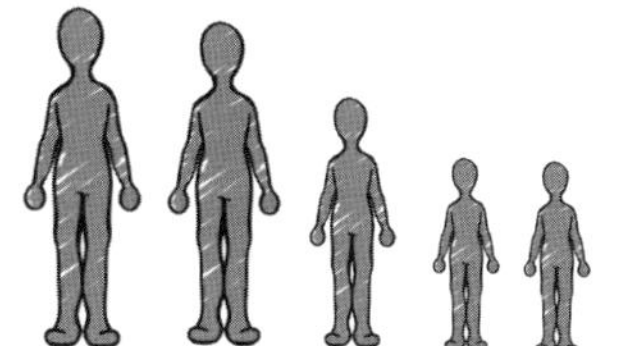
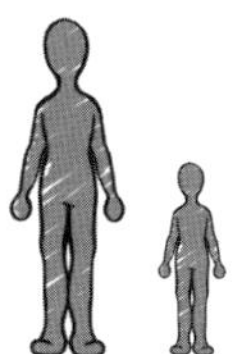

1+2=3

BVK • Simon Møller: Mathe aktiv erleben – Band 2 • Seite 35

Landschaft

3

Die Schüler sollen verschiedene Häuser malen. Die Häuser sollen eine Tiefe haben, also dreidimensional sein.
Wenn die Häuser fertig gezeichnet sind, schneiden die Schüler diese aus und kleben sie mit Klebeband auf die Landschaft. Die Schüler helfen sich gegenseitig damit, einen guten Platz für die Häuser zu finden, sodass sie im Hinblick auf die Größe passen.
Die Häuser dürfen sich gerne gegenseitig ein wenig verdecken.
Die ganze Klasse bespricht die richtigen Platzierungen.

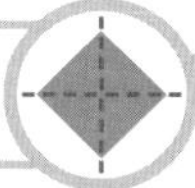

Faltparty (1)

V

Vorbereitung:

Alle Schüler erhalten 5 kleine quadratische Zettel (z. B. von einem Notizzettelblock) von etwa 6 • 6 cm und ein farbiges Stück Karton oder Papier im DIN-A5-Format.
Die Schüler überlegen sich verschiedene Ausschnitte, indem sie einen quadratischen Notizzettel einmal falten und ein Muster ausschneiden, um es später wieder auseinanderzufalten.

Für Stufe 2:
Die Schüler brauchen zum Erstellen einer Kopie ihrer 3 schönsten Ausschnitte 3 weitere Zettel.

Für Stufe 3:
Die Schüler brauchen weitere Zettel, um Kopien der Ausschnitte ihrer Mitschüler anfertigen zu können.

Faltparty (1)

1

Nach einer gewissen Zeit sollen alle Schüler ihre beiden schönsten Ausschnitte auswählen.
Die Schüler kleben sie auf den Karton, zeigen sie den anderen und hängen sie eventuell auf.

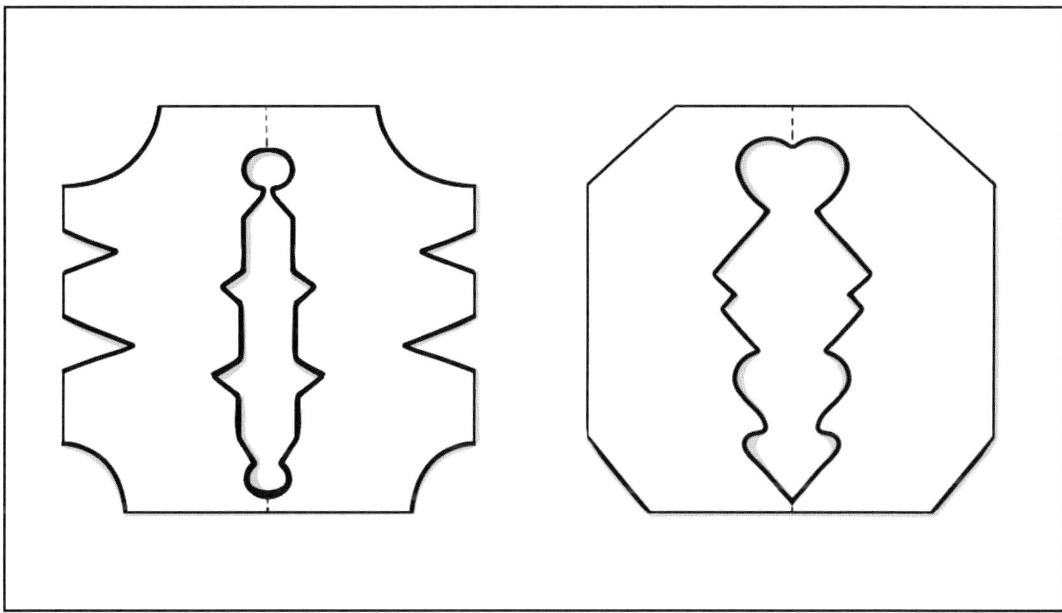

1+2=3

Faltparty (1)

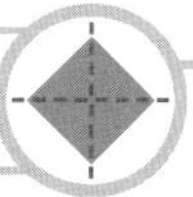

2

Nach einer gewissen Zeit sollen alle Schüler ihre 3 schönsten Ausschnitte auswählen.
Die Schüler machen selbst eine Kopie der 3 Ausschnitte und kleben sie paarweise auf den Karton, sodass man sie vor und nach dem Auseinanderfalten sehen kann.
Sie zeigen ihr fertiges Produkt den anderen Schülern und hängen es eventuell in der Klasse auf.

1+2=3

BVK • Simon Møller: Mathe aktiv erleben – Band 2 • Seite 37

Faltparty (1)

3

Nach einer gewissen Zeit sollen alle Schüler 2 ihrer Ausschnitte auswählen und auf den Karton kleben.
Die Schüler zeigen ihre Ausschnitte einem Mitschüler, der dann versucht, eine Kopie dieses Ausschnitts zu erstellen.

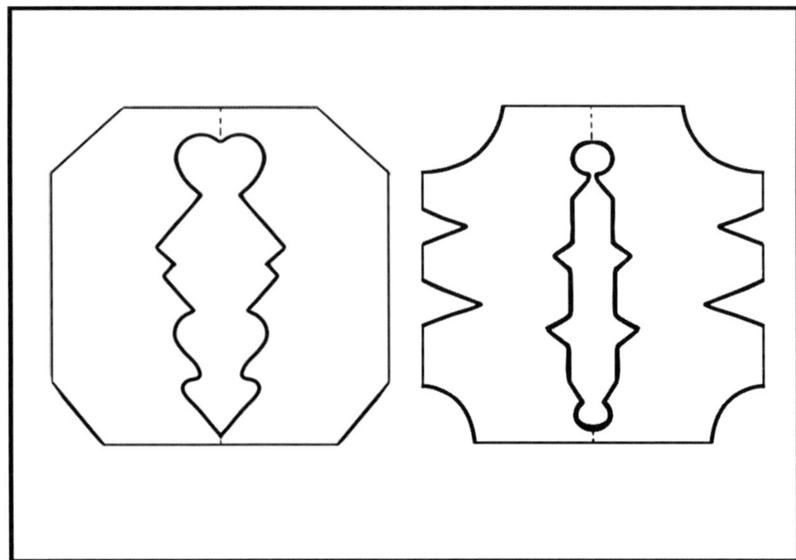

1+2=3

Faltparty (2)

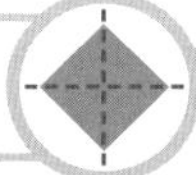

Vorbereitung:

Die Lehrkraft teilt 3 DIN-A4-Blätter (am besten altes Zeitungspapier), ein Stück farbige Kreide für jeden Schüler und einen Lappen zum Wegwischen der Kreide aus.
Jeder Schüler faltet alle 3 Blätter auf DIN-A5-Format.

Die Schüler üben, ein Muster aus dem 1. gefalteten Blatt zu schneiden.
Aus dem 2. Blatt schneiden die Schüler ein Muster, das sie anderen zeigen werden.
Das 3. Blatt nehmen sie mit, wenn sie zu anderen Schülern in der Klasse gehen.

1+2=3

BVK • Simon Møller: Mathe aktiv erleben – Band 2 • Seite 38

Faltparty (2)

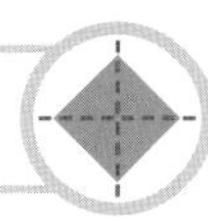

1

Wenn die Schüler mit dem 1. Blatt geübt haben und mit dem 2. Blatt fertig sind, treffen sie sich in Paaren.
Der eine Schüler soll nun schätzen, wie das Muster des anderen aussieht, wenn das Papier noch gefaltet ist. Er zeichnet seine Schätzung mit Kreide auf das 3. Blatt.
Danach tauschen die Schüler die Rollen.
Wenn beide Schüler ihre Schätzung aufgemalt haben, zeigen sie sich das Resultat.
Bevor sie dann jeder für sich weitergehen und andere Schüler treffen, wischen sie das Kreidemuster weg.

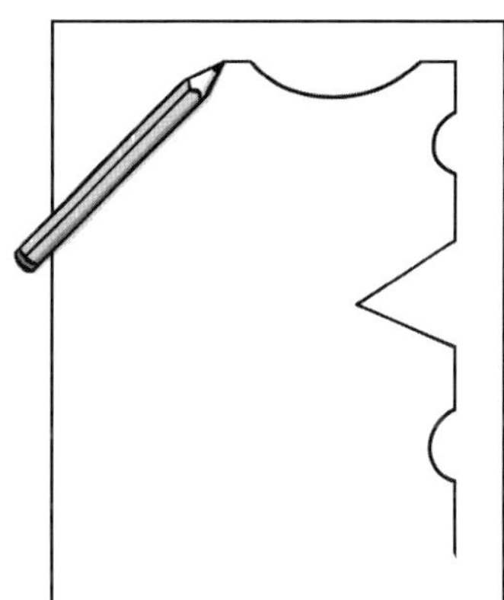

1+2=3

Faltparty (2)

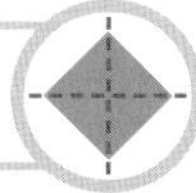

2

Die Schüler falten ihre DIN-A5-Blätter noch einmal auf DIN-A6-Format.
Wenn sie mit dem 1. DIN-A6-Blatt geübt haben und mit dem 2. Blatt fertig sind, treffen sie sich in Paaren.
Der eine Schüler soll nun schätzen, wie das Muster des anderen aussieht, wenn das Papier im DIN-A4-Format gefaltet ist. Er zeichnet seine Schätzung mit Kreide auf das 3. Blatt.
Danach tauschen die Schüler die Rollen.
Wenn beide Schüler ihre Schätzung aufgemalt haben, zeigen sie sich das Resultat.
Bevor sie dann jeder für sich weitergehen und andere Schüler treffen, wischen sie das Kreidemuster weg.

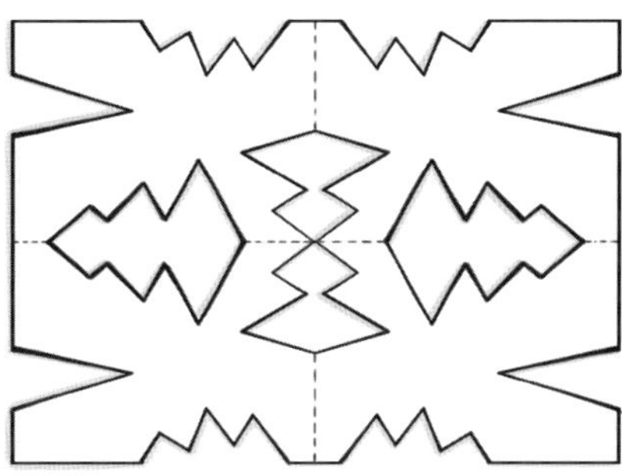

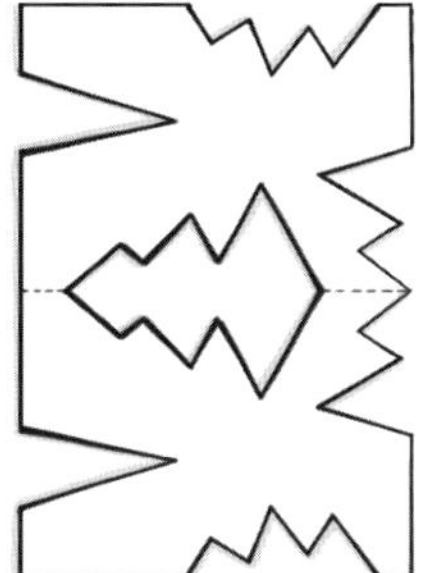

1+2=3

Faltparty (2)

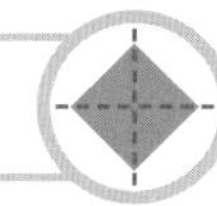

3

Die Schüler falten ihre DIN-A5-Blätter noch einmal auf DIN-A6-Format.
Wenn sie mit dem 1. DIN-A6-Blatt geübt haben und mit dem 2. fertig sind, falten sie dieses wieder auf DIN-A4-Format und treffen sich dann in Paaren.
Der eine Schüler soll nun schätzen, wie das Muster des anderen aussieht, wenn das Papier wieder auf DIN-A6-Format gefaltet ist. Er zeichnet seine Schätzung mit Kreide auf das 3. Blatt. Danach tauschen die Schüler die Rollen.
Wenn beide Schüler ihre Schätzung aufgemalt haben, zeigen sie sich das Resultat.
Bevor sie dann jeder für sich weitergehen und andere Schüler treffen, wischen sie das Kreidemuster weg.

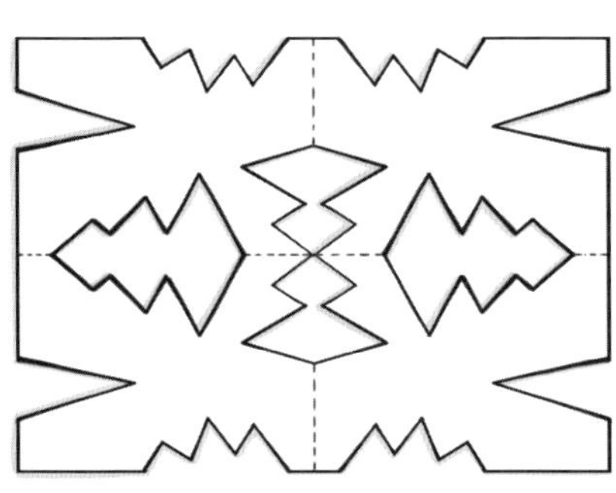

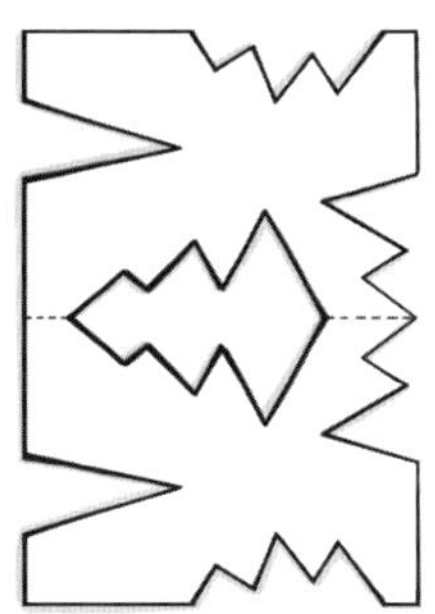

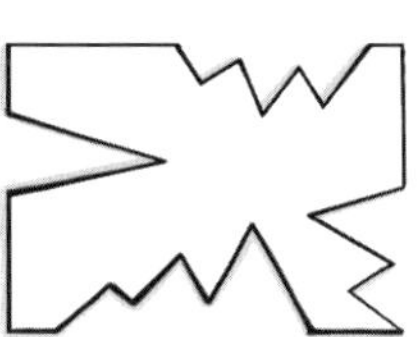

1+2=3

Blumenmuster

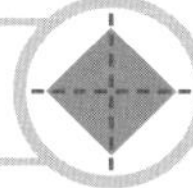

Vorbereitung:

Für Stufe 1:
Die Aktivität findet draußen auf dem Schulhof statt.
Es werden Pappteller in Klassenstärke und 2 Kreidestücke (am besten Straßenkreide) pro Schüler benötigt.

Für Stufe 2:
Die Aktivität findet im Klassenraum statt.
Es werden Pappbecher in Klassenstärke und ein DIN-A4-Blatt pro Schüler benötigt.

Für Stufe 3:
Die Aktivität findet im Klassenraum statt.
Es werden Pappbecher in Klassenstärke und ein DIN-A4-Blatt pro Schüler benötigt.

Blumenmuster

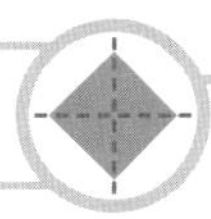

1

Alle Schüler erhalten einen Pappteller und 2 verschiedenfarbige Stücke Kreide.
Die Schüler zeichnen ein Muster in Form einer Blume auf den Schulhof, indem sie die Teller mit der farbigen Kreide umfahren.
Nach 10 Minuten gehen alle Schüler rund und betrachten, was die anderen gemalt haben und lassen sich inspirieren.
Die Schüler tauschen die Kreidestücke, sodass alle neue Farben haben.
Alle Schüler versuchen nun, mit dem Wissen, was die anderen gemacht haben, die größte und bunteste Blume zu malen.

Nach 10 Minuten gehen die Schüler rund und helfen einander mit Farben und Ideen.

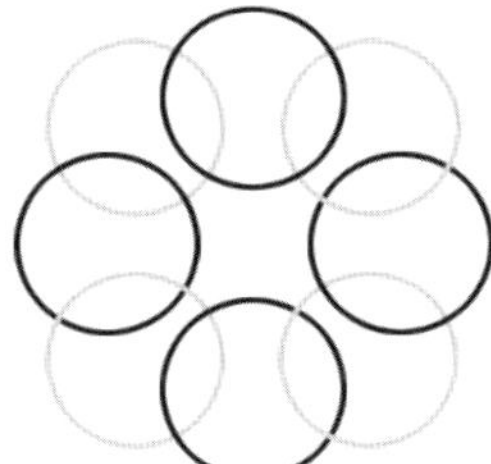

Blumenmuster

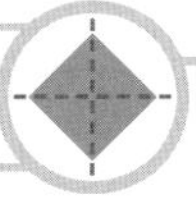

2

Alle Schüler erhalten einen Pappbecher und ein DIN-A4-Blatt. Außerdem nehmen sie ihre Buntstifte zur Hand.
Die Schüler zeichnen mit Hilfe des Bechers ein Muster in Form einer Blume, indem sie den Becher farbig umfahren und dann die Kreise ausmalen.
Achtung: Das Blatt sollte dabei mit der kürzeren Seite nach unten vor sich gelegt werden, damit alle Blumen später gleich ausgerichtet sind.

Wenn die Schüler fertig sind, zeichnen sie Stiele an die Blumen und Gras an den unteren Rand der Zeichnung.

Zuletzt hängen sie die Blätter nebeneinander unten an eine Wand des Klassenraums, sodass eine Blumenwiese entsteht.

Tipp:
Genug Platz für die Blumenwiese befindet sich zum Beispiel unter der Tafel.

1+2=3

Blumenmuster

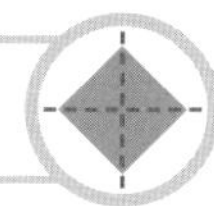

3

Alle Schüler erhalten einen Pappbecher und ein DIN-A4-Blatt. Außerdem nehmen sie ihre Buntstifte zur Hand.
Die Schüler zeichnen mit Hilfe des Bechers ein Muster in Form einer Blume, indem sie den Becher farbig umfahren und dann die Kreise ausmalen.
Achtung: Das Blatt sollte dabei mit der kürzeren Seite nach unten vor sich gelegt werden, damit alle Blumen später gleich ausgerichtet sind.

Nach 5 Minuten rücken die Schüler einen Platz weiter, lassen das Papier aber liegen, damit der Nächste an der Blume weiterarbeiten kann. Die Schüler bestimmen selbst, in welcher Farbe sie weitermalen und aus wie vielen Kreisen die Blume bestehen soll.

Wenn die Schüler fertig sind, zeichnen sie Stiele an die Blumen und Gras an den unteren Rand der Zeichnung.

Zuletzt hängen sie die Blätter nebeneinander unten an eine Wand des Klassenraums, sodass eine Blumenwiese entsteht.

Tipp:
Genug Platz für die Blumenwiese befindet sich zum Beispiel unter der Tafel.

1+2=3

Modenschau

Vorbereitung:

Alle Schüler bringen 1 Kopfbedeckung sowie 1 Schal mit.
Die Schüler arbeiten in 3er- bis 4er-Gruppen zusammen.
Die Lehrkraft zeichnet 16 Strichmännchen auf ein DIN-A4-Blatt, kopiert dies und gibt jeder Gruppe 3 Exemplare.
Ein Schüler ist das Model, ein anderer Schüler der Designer und der 3. Schüler spielt (bzw. die beiden übrigen Schüler spielen) das Publikum.
Wenn die Schüler ihre Bekleidung wählen, ist es wichtig, dass gleiche Kleidungsstücke nicht die gleiche Farbe haben (z. B. nicht 2 schwarze Mützen).

Lösung:
Stufe 1: Es sind 4 Kombinationen möglich ohne Jacke und 8 Kombinationen mit Jacke.
Stufe 2: Es sind 12 Kombinationen möglich.
Stufe 3: Es sind 16 Kombinationen möglich.

1+2=3

BVK • Simon Møller: Mathe aktiv erleben – Band 2 • Seite 42

Modenschau

1

Jede Gruppe startet damit, zwischen 2 Kopfbedeckungen und 2 Schals zu wählen.
Die Models werden vom Publikum mit einer Kopfbedeckung und einem Schal eingekleidet.
Die Designer zeichnen die Kombination auf ein Strichmännchen.
Das Publikum tauscht dann die Kopfbedeckung und / oder den Schal des Models, damit eine neue Kombination entsteht.

Das setzen die Gruppen fort, bis es keine neue Kombination mehr gibt.

Extra:
Die Schüler tauschen die Rollen und ziehen dem neuen Model zusätzlich eine Jacke an.
Welche Kombinationen ergeben sich nun?

1+2=3

Modenschau

2

Jede Gruppe startet damit, zwischen 3 Kopfbedeckungen, 2 Schals und 2 Jacken zu wählen.
Die Models werden vom Publikum mit 1 Kopfbedeckung, 1 Schal und 1 Jacke eingekleidet.
Die Designer zeichnen die Kombination auf ein Strichmännchen.
Das Publikum tauscht dann die Kopfbedeckung und / oder den Schal und / oder die Jacke des Models, damit eine neue Kombination entsteht.

Das setzen die Gruppen fort, bis es keine neue Kombination mehr gibt.
Eventuell tauscht man zwischendurch die Rollen.

1+2=3

BVK • Simon Møller: Mathe aktiv erleben – Band 2 • Seite 43

Modenschau

3

Jede Gruppe startet damit, zwischen 2 Kopfbedeckungen, 2 Schals, 2 Jacken und 2 Paar Schuhen zu wählen.
Alle Gruppenmitglieder schätzen, wie viele Kombinationen es gibt.
Die Models werden vom Publikum mit 1 Kopfbedeckung, 1 Schal, 1 Jacke und 1 Paar Schuhe eingekleidet.
Die Designer zeichnen die Kombination auf ein Strichmännchen. Das Publikum tauscht dann die Kopfbedeckung und / oder den Schal und / oder die Jacke und / oder die Schuhe des Models, damit eine neue Kombination entsteht.
Das setzen die Gruppen fort, bis es keine neue Kombination mehr gibt. Eventuell tauscht man zwischendurch die Rollen.

Extra:
Die Gruppen schreiben anschließend ihre gemeinsame Schätzung auf, wie viele Kombinationen es ihrer Meinung nach gibt, wenn man noch ein Kleidungsstück dazunimmt oder wenn es 3 Exemplare eines jeden Kleidungsstückes gibt.
Die Gruppen prüfen dies eventuell durch eine Zeichnung oder berechnen die Kombinationen.

Kasino

Vorbereitung:

Die Lehrkraft zeigt das unkomplizierte Spiel „Kopf oder Zahl". Jeder Schüler soll wählen, was seiner Meinung nach das Ergebnis ist (Kopf oder Zahl).
Die Schüler arbeiten danach in Paaren.
Jedes Paar erstellt eine Spielbude, wo andere Paare Steckwürfel gewinnen bzw. verlieren können. Jedes Paar bekommt 50 Steckwürfel, 20 zum Spielen und 30 zum Bezahlen der anderen Paare an ihrem Stand.
4 Spielbuden (Schülerpaare) haben zur gleichen Zeit geöffnet, während die restlichen Schülerpaare mit ihren Steckwürfeln an den verschiedenen Buden spielen können.
Wenn die Schüler an einer neuen Bude spielen möchten, spielen sie mit den Steckwürfeln weiter, die sie in der vorherigen Runde gewonnen haben.
Wenn ein Paar alle seine Steckwürfel verloren hat, können sie entweder den anderen Paaren zuschauen oder einem anderen Paar helfen.
Ein Schülerpaar kann sich auch neue Würfel verdienen, indem sie zum Beispiel einen Extrawürfel für jede Liegestütze, die beide machen, verdienen.

Für Stufe 3:
Jedes Paar erhält 30 Bonbons anstelle der Steckwürfel.

BVK • Simon Møller: Mathe aktiv erleben – Band 2 • Seite 44

Kasino

1

An allen Spielbuden wird die Münze nur 1-mal geworfen.

Die Steckwürfel können entweder alle nur auf Kopf oder nur auf Zahl gesetzt werden.

Die Höhe des Einsatzes (z. B. 2 Steckwürfel) und des Gewinns (z. B. 3 Steckwürfel) bestimmt das Paar, dem der Spielstand gehört.

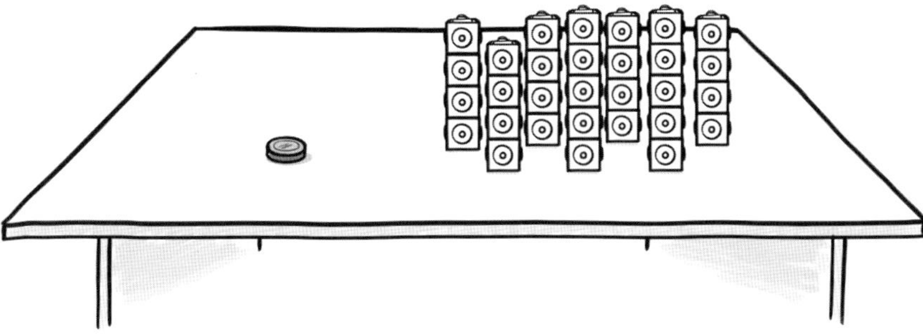

1+2=3

Kasino

2

Jede Spielbude hat Methodenfreiheit! Es ist also der Fantasie der Spielbudenbetreiber überlassen, wie oft die Münze geworfen wird, wie viele Steckwürfel (mind.) eingesetzt werden müssen und ob diese auf die beiden Möglichkeiten verteilt werden dürfen oder nicht (z. B. 2 Steckwürfel auf Kopf, 1 Steckwürfel auf Zahl).

Ebenso entscheiden die Spielbudenbetreiber, wie hoch der Gewinn ausfällt und ob dieser pro Wurf ausgezahlt wird oder eine bestimmte Bedingung erfüllt sein muss (z. B.: mind. 3 von 5 Würfen müssen Kopf zeigen).

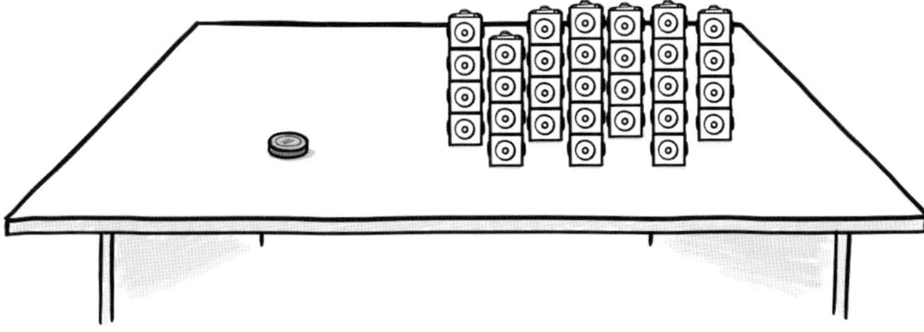

1+2=3

Kasino

3

Jede Spielbude hat Methodenfreiheit! Es ist also der Fantasie der Spielbudenbetreiber überlassen, wie oft die Münze geworfen wird, wie viele Steckwürfel (mind.) eingesetzt werden müssen und ob diese auf die beiden Möglichkeiten verteilt werden dürfen oder nicht (z. B. 2 Steckwürfel auf Kopf, 1 Steckwürfel auf Zahl).
Jedes Paar darf selbst entscheiden, welche Spielbude es ausprobieren möchte und wie viele Male es diese ausprobieren möchte.
Wenn eine Bude schlecht angenommen wird, da die Gewinnchancen zu gering sind, dürfen die Spielbudenbetreiber gerne zwischenzeitlich ihre Spielregeln oder ihre Gewinne ändern. Wenn die Aktivität endet, dürfen die Schüler die Bonbons aufessen, die sie gewonnen haben. Die Schüler, die alle ihre Bonbons verloren haben, können sich bei der Lehrkraft eine Entschädigung von 5 Bonbons abholen.

Tipp:
Da die Schüler tatsächlich einige Bonbons gewinnen bzw. verlieren können, kann dies ein Anlass sein, über Spielsucht, Glücksspiele, Gefühle, Erfahrungen usw. zu sprechen.
Da einzelne Spielbuden sicherlich nicht beliebt sind, weil die Gewinnchance zu gering ausfällt, kann dies einen Anlass geben, über Wahrscheinlichkeiten und Angemessenheit zu sprechen.

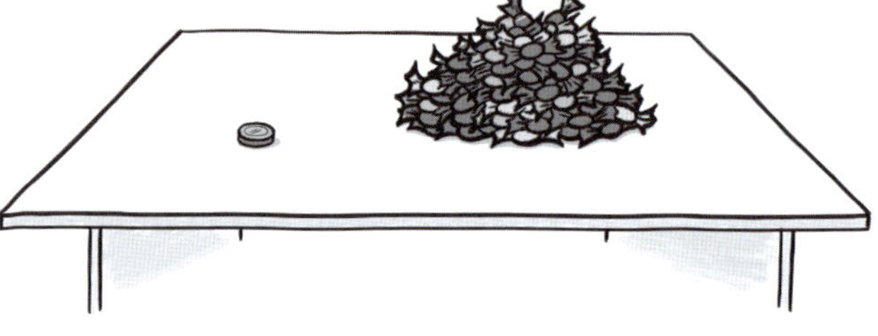

1+2=3

Mein Haus

V

Vorbereitung:

Für Stufe 1:
Die Schüler zählen vorab zu Hause, wie viele Stühle, Türen und Tische es gibt.
Sie schreiben das Ergebnis auf und bringen es mit in die Schule.

Für Stufe 2:
Die Schüler zählen vorab zu Hause, wie viele Steckdosen, Lampen und Fenster es gibt.
Sie schreiben das Ergebnis auf und bringen es mit in die Schule.

Für Stufe 3:
Die Schüler zählen vorab zu Hause, wie viele Räume, Fenster, Heizungen, Türknöpfe, Bilder an der Wand, Teppiche und Kleiderhaken es gibt.
Es werden mehrere Bögen DIN-A2-Karton oder Ähnliches benötigt.

1+2=3

Mein Haus

1

Mit Hilfe von Steckwürfeln baut jeder Schüler 3 Säulen, je eine für die Menge an Stühlen, an Türen und an Tischen, die der Schüler zu Hause hat. Eine Säule mit 10 Steckwürfeln zeigt also, dass es in diesem Haushalt zum Beispiel 10 Stühle gibt.

Die Klasse teilt sich in 3 Gruppen auf (1 „Stuhl-Gruppe", 1 „Tür-Gruppe" und 1 „Tisch-Gruppe"). Jede Gruppe soll nun die jeweilige Gesamtmenge ermitteln.

Die Gruppe muss sich zunächst einig sein, mit welcher Methode sie zählen möchte (z. B. zeigen die Schüler nacheinander auf die Steckwürfel und zählen rundherum oder einer nimmt den ersten Steckwürfelturm und sagt die Anzahl, dann nimmt der nächste Schüler den zweiten Turm und sagt zum Beispiel „+ 5" usw. und der letzte Schüler in der Runde nennt die Summe). Im besten Fall können so alle Schüler an der Zählung teilnehmen.

Wenn alle 3 Gruppen fertig sind, schreiben sie ihr Gesamtergebnis an die Tafel. Die Lehrkraft malt ein einfaches Säulendiagramm, in dem die 3 Gesamtergebnisse mit unterschiedlichen Farben eingezeichnet werden.

1+2=3

Mein Haus

2

Die Lehrkraft legt eine Zeichnung einer Steckdose, einer Lampe und eines Fensters auf 3 unterschiedliche Tische.
Die Schüler legen die Anzahl Steckwürfel für so viele Steckdosen, wie es in ihrem Haushalt gibt, in einem Stapel auf den Tisch mit der Zeichnung der Steckdosen.
Genauso wird mit dem „Lampen-Tisch" und dem „Fenster-Tisch" verfahren.

Nachdem sich die Schüler die 3 Stapel Steckwürfel gründlich angeschaut haben, sollen sie auf einem Zettel notieren, was sie als Anzahl Steckdosen, Lampen und Fenster insgesamt schätzen.
Danach verteilen sich die Schüler gleichmäßig an die 3 Tische.

Jede Gruppe bündelt nun die Steckwürfel, die auf dem jeweiligen Tisch liegen, zu 10er-Türmen und notiert die Anzahl der Türme. So ermittelt sie die Gesamtanzahl an Steckdosen, Lampen und Fenstern.
In ein einfaches Säulendiagramm an der Tafel zeichnet die Lehrkraft die Gesamtergebnisse mit unterschiedlichen Farben ein.

Gewonnen haben in jeder Kategorie die 3 Schüler, deren Schätzung der tatsächlichen Anzahl am nächsten kommt.

1+2=3

Mein Haus

3

Die Schüler sollen selbst eine Statistik über die Anzahl an Möbelstücken erstellen, indem sie für jedes Möbelstück eine Säule auf ein kariertes Blatt Papier (1 Kästchen = 1 Möbelstück) zeichnen.
Alle schneiden ihre Säulen aus und schreiben auf die Rückseite der Säulen, was diese zeigen.

Danach teilen sich die Schüler in 3er- bzw. 4er-Gruppen auf.

Jede Gruppe klebt nun ihre Säulen für jedes Möbelstück in einer Reihe übereinander zum Beispiel auf ein Stück A2-Karton, das längs geteilt wurde.

Auf das Kartonstück schreiben die Schüler eine Überschrift, die Anzahl auf die y-Achse und das Möbelstück, das sie gezählt haben, auf die x-Achse. Am Ende soll ein Säulendiagramm entstehen. Außerdem schreiben sie ihre Beobachtungen unter das Diagramm, zum Beispiel:

- Von welchem Möbelstück gibt es insgesamt die meisten Exemplare?
- Von welchem Möbelstück sind insgesamt die wenigsten Exemplare vorhanden?
- Welcher Schüler hat die wenigstens oder meisten Exemplare eines Möbelstücks zu Hause?

1+2=3

Aktive Minuten

Vorbereitung:

Die Lehrkraft schreibt jeweils auf einen Zettel den Namen einer Aktivität und wie sie ausgeführt wird. Es gibt einen Zettel für jede Aktivität.
Auf dem Zettel sollen die Kinder notieren, wie oft sie die Aktivität ausgeführt haben.
Der Zettel bleibt an der jeweiligen Station liegen.
Die Schüler arbeiten zu zweit. 2 (möglichst ebenbürtige) Paare führen eine Aktivität gleichzeitig aus, damit ein kleiner Wettkampf entsteht.
Alle Schüler sollen 7 Aktivitäten ausprobieren, jede Aktivität soll höchstens 1 Minute dauern. Das ist wichtig, damit alle Schüler zeitlich eingeschränkt sind und kein Chaos entsteht.
2 Schüler aus je einem Paar stoppen die Zeit, während die anderen beiden die Aktivität ausführen. Die Schüler, die die Aktivität ausführen, sollen die Wiederholungen mitzählen. Das kann eventuell im Kopf passieren. Dann wird gewechselt. Wenn beide Paare die Aktivität ausgeführt haben, schreibt jedes Paar das Gesamtergebnis auf den Zettel der Aktivität. Das sollte auch höchstens 1 Minute dauern.
Wenn also insgesamt 3 Minuten vergangen sind (2 min für die 2 Runden und 1 min zum Aufschreiben), gehen alle Paare im Uhrzeigersinn zur nächsten Aktivität.

Für Stufe 2:
Pro Paar wird ein vorbereitetes Säulendiagramm benötigt.

BVK • Simon Møller: Mathe aktiv erleben – Band 2 • Seite 48

Aktive Minuten – Aktivitäten

Beispiele für Aktivitäten:

- Hampelmänner machen
- Liegestütze machen (evtl. mit den Knien auf dem Boden)
- auf einen Stuhl oder eine Bank steigen und wieder heruntersteigen
- sich auf den Po setzen und wieder aufstehen
- über seine eigenen gefalteten Hände steigen und wieder zurück
- auf der Stelle gehen, dabei die Knie bis zur Brust hochziehen
- auf Kommando aufstehen und einen Ball um sich selbst dribbeln
- mit beiden Beinen auf einer Linie vor- und wieder zurückhüpfen
- aus einer liegenden Position in eine sitzende wechseln und wieder zurück
- hochspringen und mit beiden Fersen gleichzeitig gegen den eigenen Po treten
- einen Purzelbaum schlagen

Tipp:

Es emphielt sich, die Aktivitäten in der Sporthalle auszuführen, da dort Matten, Bälle, Kästen, Bänke etc. zur Verfügung stehen.

Aktive Minuten

Wenn die Schüler die 7. und letzte Aktivität ausgeführt haben, rechnen die 2 Paare zusammen aus, wie viele Male diese Aktivität insgesamt von der Klasse ausgeführt wurde. Sie addieren also die Zahlen auf den Zetteln der Aktivitäten.

Alle Schüler machen sich zuerst einzeln an ihrem Platz Gedanken darüber, welche Aktivität ihrer Meinung nach am meisten und welche am wenigsten ausgeführt wurde.

Gibt es (einigermaßen) Einigkeit darüber?

Zuletzt gehen alle Schüler wieder zu ihrer letzten Aktivität, um den anderen mitzuteilen, wie oft die Aktivität wirklich ausgeführt wurde.

Die Lehrkraft kann ebenso aufschreiben, wie viele Male jede der 7 Aktivitäten ausgeführt wurde.

Im Anschluss können die Schüler schätzen, wie oft alle Aktivitäten zusammen von der ganzen Klasse ausgeführt wurden, also die 7 Endergebnisse zusammengerechnet.

Die Lehrkraft berechnet diese Gesamtanzahl an der Tafel und der Schüler, der dem Ergebnis am nächsten kommt, gewinnt das Ratespiel.

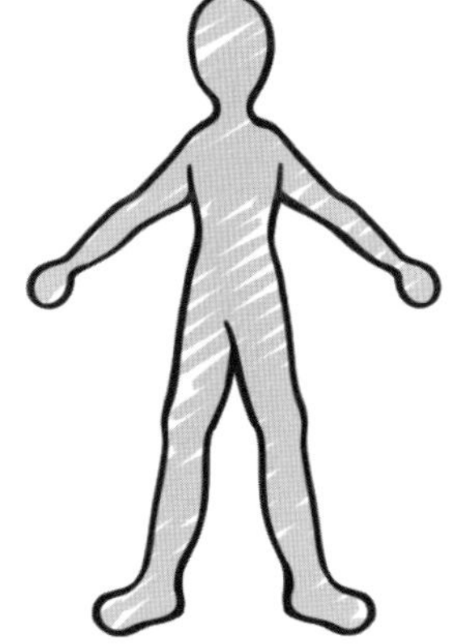

BVK • Simon Møller: Mathe aktiv erleben – Band 2 • Seite 49

Aktive Minuten

2

Wenn die Schüler die 7. und letzte Aktivität ausgeführt haben, nehmen sie den Zettel der Aktivität und übertragen die einzelnen Ergebnisse aller Paare in ein Säulendiagramm. Die Lehrkraft hat die Säulendiagramme bereits mit Nummern für die einzelnen Paare auf der x-Achse und der Anzahl der Ausführungen auf der y-Achse vorbereitet.
Die Säulendiagramme können aufgehängt werden oder die 2 Paare präsentieren ihr Diagramm in der Klasse.

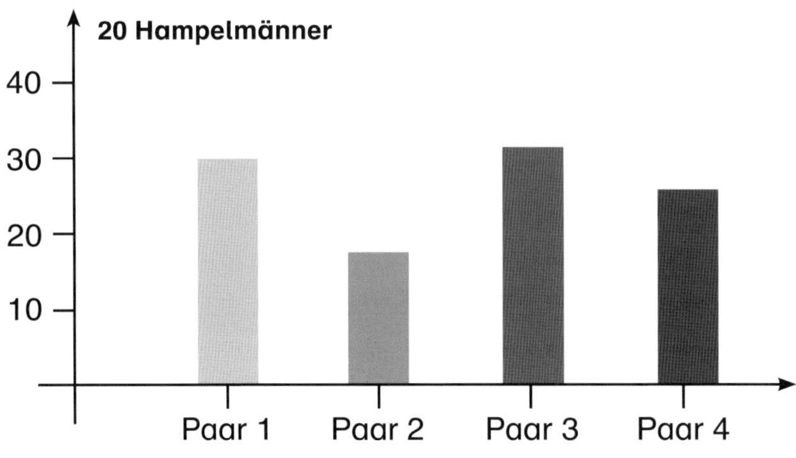

1+2=3

Aktive Minuten

3

Wenn die Schüler die 7. und letzte Aktivität ausgeführt haben, nehmen sie den Zettel der Aktivität und erstellen selbst ein Säulendiagramm, das die Anzahl der Ausführungen für jedes Paar zeigt.
Die Säulendiagramme können aufgehängt werden oder die 2 Paare präsentieren ihr Diagramm in der Klasse.

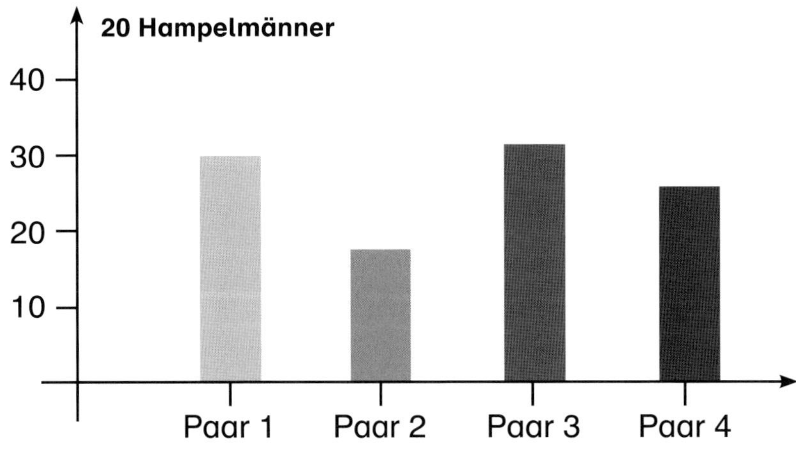

1+2=3

BVK • Simon Møller: Mathe aktiv erleben – Band 2 • Seite 50

Ausdauer

V

Vorbereitung:

Die Lehrkraft zeichnet ein Säulendiagramm an die Tafel mit einem 15-Sekunden-Intervall (0 – 15, 16 – 30 ...) auf der x-Achse und der Anzahl der Schüler auf der y-Achse.
Die Lehrkraft nimmt eine große Stoppuhr.

Die Schüler stellen sich mit ausgestreckten Armen hin und die Zeitmessung beginnt.
Die Schüler sollen ihre Arme so lange wie möglich hochhalten.
Jedes Mal, wenn ein Schüler aufgibt, markiert die Lehrkraft die Zeit an der Tafel, indem sie einen Strich unter das Zeitintervall macht, das der Schüler erreicht hat.
Wenn ein Schüler seine Arme zum Beispiel 23 Sekunden hochhalten konnte, wird der Strich unter dem Intervall 16 bis 30 gemacht.

Wenn alle ihre Arme heruntergenommen haben, werden die Beobachtungen in das Säulendiagramm farbig eingezeichnet.
Diese Aktivität wird mit anderen Herausforderungen, bei denen die Ausdauer geprüft werden kann, wiederholt. Die einzelnen Herausforderungen werden dann mit unterschiedlich farbigen Kreidestücken an der Tafel festgehalten.

1+2=3

Ausdauer

1

Die Schüler sollen in 2er- bis 3er-Gruppen darüber diskutieren, was sie an dem Säulendiagramm ablesen können. Dann sollen sie eine Aussage auf der Grundlage des Diagramms formulieren.
Die Gruppen teilen ihre Aussage der ganzen Klasse mit. Alle Aussagen werden an die Tafel geschrieben und / oder besprochen.

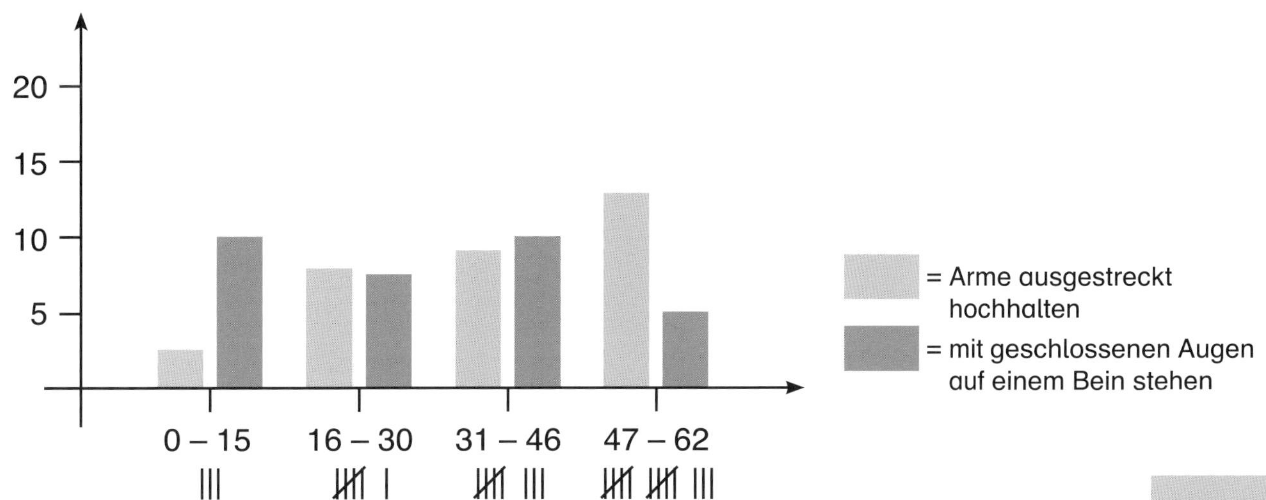

1+2=3

BVK • Simon Møller: Mathe aktiv erleben – Band 2 • Seite 51

Ausdauer

2

Die Lehrkraft stellt der Klasse 10 Fragen, die man im Diagramm ablesen kann, zum Beispiel: „Wie viele Schüler können ihre Arme über 1 Minute hochhalten?“ oder „Wie viel Zeit ist schätzungsweise vergangen, bis die Hälfte der Schüler aufgegeben haben?“

Alle schreiben ihre Antworten auf ein Blatt.

Nach der 10. Frage überprüft die Lehrkraft alle Fragen und die Schüler markieren richtige Antworten.

Anschließend zeigen alle mit ihren Fingern in der Luft an, wie viele richtige Antworten sie hatten.

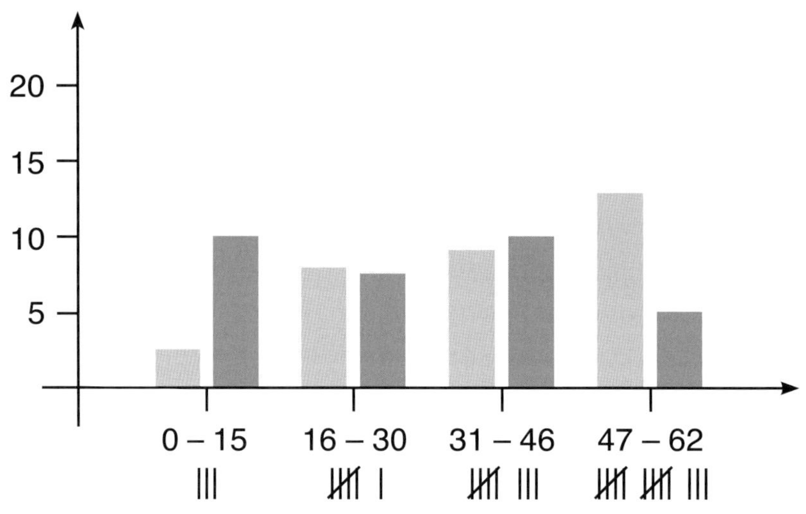

1+2=3

Ausdauer

3

Die Schüler notieren, welche Beobachtungen sie auf der Grundlage des Diagramms gemacht haben.

Wenn alle 2 oder mehr Beobachtungen aufgeschrieben haben, gehen die Schüler herum und lesen die Sätze der anderen.

Die Schüler schätzen auf der Grundlage des Diagramms, ob sie mit den Beobachtungen der anderen übereinstimmen oder nicht.

Tipp: Lassen Sie die Schüler die Beobachtungen, mit denen sie nicht übereinstimmen, markieren. Diese können anschließend im Klassenverband besprochen werden.

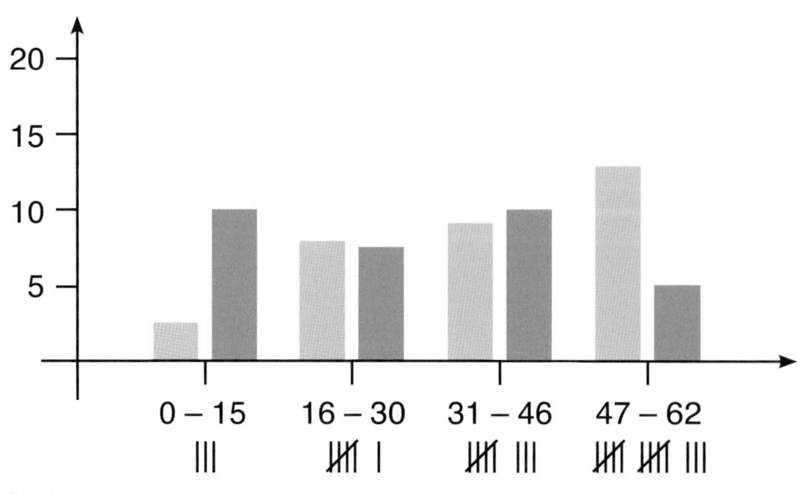

1+2=3